R・M・スマリヤン
桜内篤子──訳

タオは笑っている

The Tao is Silent by Raymond M. Smullyan

愉快な公案集

工作舎

タオは笑っている●目次

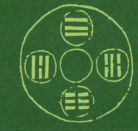

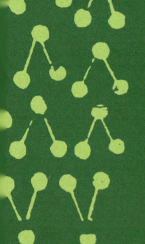

第2部 タオはとがめない

第3部 タオは気楽

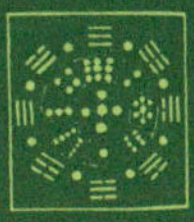

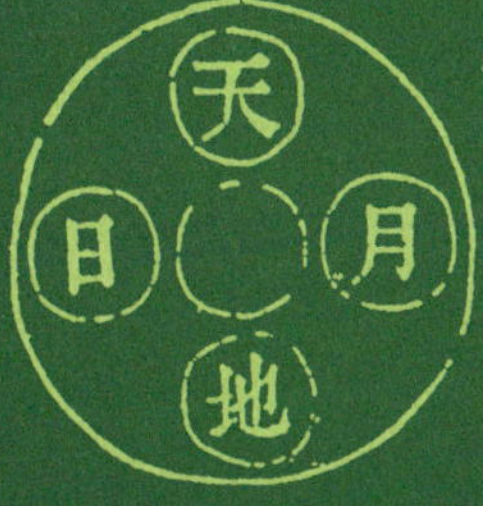

第4部

タオは愉快な公案《パラドックス》

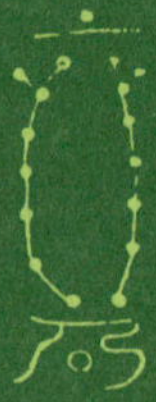

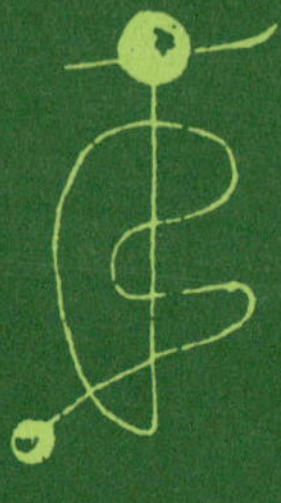

タオは静かな花
タオは夜咲きの静かな花
その夜こそ咲く花
タオなしに
花も、咲くことも、夜もない
タオは花咲く

まえがき

タオの書物に出会ったときのうれしさはいまも忘れられない。はじめてタオについて読んだとき、奇妙ともエキゾチックとも思わなかった。そこにはわたしがそれまでずっと感じていたことが書かれていたからだ。だがタオイストたちはわたしより何倍もすばらしく的確にその心を言い表していた。

わたしにとってタオとは内なる安らぎと強烈な美意識の組み合わせである。どちらかが欠けても不じゅうぶんだ。消極的なばかりの安らぎは退屈だし、不安に満ちた認識もまた魅力ない。最近、中国人の友人が、タオイズムの哲学を批判して、ケーキを食べ、なおかつそのケーキを手元に残しておきたいと願うようなものだと言った。

「それほどいいことはないじゃないか」とわたしが答えると、かれは「それは虫が良すぎる」と言った。

ここが友人と意見の別れるところだ。わたしはつねにケーキを食べて楽しみ、しかもそのケーキを手元に残しておくことができるはずだと信じてきた。なにごとにおいても虫が良すぎるということはない。わたしがタオに傾倒している理由はこのへんにある。

じつを言うと、タオとの出会いは禅仏教を通じてであった。禅がタオイズムと仏教を足して二で割ったようなものであり、わたしが魅かれていたのはそのうちのタオの部分だったが、このことに気づいたのはそれからしばらくたってからである。禅は、まず悟りというものを恋いこがれさせておいて、それから悟りへの渇望こそ悟りの妨げになると告げる。それとは対照的にタオイズムはどちらかと言えば、もってないものを探し求めるという感じではなく、元来自分がもっているものにゆったりとひたることを勧める。そこが気に入ったのである。

本書は中国哲学の解説書ではない。中国哲学と接した中で感じたこと、ひらめいたことなどを記したまでだ。タオイスティックな観点が中心になってはいるが、内容はもっと多岐にわたっている。いわば人生全般についての本である。本書を妻と兄弟とわが家の仔犬たち、友人たち、読者諸氏、そしてすべての人びとにささげたい。

ニューヨーク州エルカ・パークにて
レイモンド・スマリヤン

第1部

タオってなに？

1　中国哲学インスタント入門

知り合いのまた知り合いの数学者は毎日きまって昼寝をするという。わたしは昼寝はしないが、本を読んでいていつのまにか眠ってしまうことはよくある。意識的に昼寝するのとはちがう。わが家の犬たちは昼寝をしないが、よく寝ることはよく寝る。どこでも、どんなときでも、好きなときに（ということはほとんどいつでも）寝てしまう。こういった犬こそ真の賢人（賢犬）と言うべきだろう。

眠いときに眠る――中国の哲学をひと言で言うとそういうことだ。あとは細かいことにすぎない。昼寝をするのでなく、自然に眠れるようにならなければ賢人にはなれない。なんだ、そんな簡単なことかと言うかもしれないが、じつはそう簡単ではない。修練がいる。ただし西洋式でなく東洋式の修練だ。眠いときは眠るにまかせるのが東洋式、眠い眠くないにかかわらず無理しても眠ろうとするのが西洋式修練だ。タオの哲学の神髄について老子ならこう言ったかもしれない。

賢人は必要にせまられて
眠るのでもなく
眠りたいから眠るのでもない
ただ眠いから眠る

2 タオ

天地創造の前からあり
ぼんやりしていてとらえにくいが
その中には象《かたち》がある
しかしじつに曖昧で
渾沌としている
あらゆることがそのはたらきである
それでいてひっそりとしている
それ自体なにもしないけれど
すべてのことがそれを通じてなされる
業績を手柄にせず
すべてのものを愛し
すべてのものを養う

しかし支配しようとはしない
その名をわたしは知らない
わたしはそれを「タオ」とよぶ

これはいまから約二五〇〇年前の老子の言葉である。タオについて語るにあたってこれほどふさわしい言葉はほかにないだろう。タオとはいったいどんなものなのか……。

こんな話がある。あるとき、禅の修道僧が師に「タオとはなんですか」ときいた。師はこう答えた。「西江の水を全部ひと口で飲み干したら教えよう。」　修道僧が「でももうひと口で飲み干しました」と答えると師はこう言った。「それならもう答えた。」

3　タオは存在するか

タオは存在とか不在とかを超越している
「存在」とは言葉を重んじる者のためにある言葉だ
タオは言葉を用いない
タオは花のように無言だ
タオから生まれる言葉はある
タオは言葉を生みだす
けれどもタオは言葉を用いない

『不思議の国のアリス』に裁判の場面がある。裁判中、白うさぎは事件にぜんぜん無関係な、わけのわからない詩をめんめんと読みあげる。すると王様は「これほど重要な証拠はいまだかつて聞いたことがない」と意気揚々と言う。「意味がまったくないではありませんか」とアリスが抗議すると、王様は答える。「意味がないほうがみんな助かるんだ。意味を探さなくてすむからね。」

タオイストにもこの王様に似たところがある。タオの存在を主張しない、だからその存在を証明する必要もないというわけだ。これこそ中国人の知恵の最たるものと言えよう。

西欧の宗教史は論争と闘いの歴史だ。神の存在をめぐってどれだけの血が流され、どれだけの人が拷問にかけられたことか。宗教は生死の問題、いやそれ以上のものにされてしまった。キリスト教徒はどんな犠牲をはらっても「異教徒と無神論者の魂を救うために」神を信じさせようとした。また無神論者は無神論者で、神を信じるなど子どもや未開人の迷信にすぎないし、社会の真の発展をことさら妨げるものであるとキリスト教徒に反撃した。

両者はこうして攻撃し合い傷つけ合った。その間タオイストの賢人はなにをしていたか。川辺でお酒を飲みながら詩の本を読んだり絵を描いていたのだ。そして心ゆくまでにタオを満喫していた。賢人はタオが存在するか否かなどと悩まない。あえてタオの存在も肯定しない。タオを満喫するのに忙しくてそんな暇もないのだ。

4 それにしても、タオって存在するの？

まだタオの存在にこだわっている人のためにもう少し述べることにしよう。

タオイストは西欧の不可知論者とも異なる。不可知論者の主張はこうだ。神は存在するかもしれないし、しないかもしれないが自分にはわからない。アリストテレス論理学によれば、神は存在するかしないかのいずれかである。しかし存在するという確証も存在しないという確証もない。したがって理性的に対処するとすれば、さらに証拠が出てくるまで判断を保留せざるをえないという。

タオイストはタオが存在するかしないかの「判断を保留する」ようなことはしない。だいたい、存在するかしないかなど気にもかけない。もし存在するのかと問われたら、なんとつかみどころのない無意味なことをきくのかと不思議に思うだろう。この反応は意外にも西欧の論理実証主義者と似ている。根拠は若干異なるが……。

論理実証主義者は「タオは存在するか？」などという質問は「無意味だ」と言うだろう。そしてまず「タオ」の明快な定義を求めるにちがいない。実証主義者が言うように、この問いがほんとうに無意味であるならばわたしは手間がはぶけて助かる。意味がなければそれを探す必要もないのだから。

「問題をそらすな。タオは存在するのかしないのかはっきりしろ。タオは現実にあるのか、幻想――つまり想像の産物――なのか」と苛立つ読者の声が聞こえてきそうだ。

タオにかぎらず、およそ存在をめぐる論争はむなしいものだ。たとえば、赤、三角、善、美といった一般概念の存在をめぐる形而上学的論争がある。赤は存在するか。存在するならどこにあって、重さはどれだけあり、形と色はどうなのか。(赤色自体が赤いわけではない。)

もちろん赤は存在する。バラや口紅や赤いりんごを見れば一目瞭然だ、と言う人もいるだろう。しかし、赤いものが存在することを意味するだけで「赤」の存在は証明されていないとも言える。西欧哲学史はこのような論争の歴史であるといっても過言ではない。

唯名論者によれば、抽象的な名称は実在をともなわない。かれらは「赤いもの」の存在は認めるが、「赤」というものの存在は否定する。つまり形容詞としての「赤」は認めても名詞としての「赤」は認めない。「赤」に実際の意味はないし、「赤」はなにものの名称でもないというのだ。

現実主義者(プラトン主義者とよばれることもある)は、「赤」は赤の名称として正当な名詞であると主張する。また「赤」は形容詞としても名詞としても使われうるという。「このりんごは赤い」と言うときは形容詞として、「赤は三原色のひとつである」と言うときは名詞として使われている。現実主義者によれば「赤」は赤色の名称にほかならない。

唯名論者と現実主義者の対立はほかのいわゆる「一般概念」にも及ぶ。プラトンのような現実主義者は真、善、美というものの存在を信じていた。一方、唯名論者はたとえばある芸術作品は美しく、ある行動は善に満ち、ある叙述は正しいと言えるが、「真」や「善」や「美」は存在しないとしている。

このような論争は数学の分野でさえ起こっている。まさかと思うかもしれないが実際そうなのだ。数学者の中にも現実主義者（古典主義者またはプラトン主義者といってもいい）と形式主義者がいる。前者によれば数学は数、集合、関数、群、位相空間など、非言語的な実在物に満ちていて、これら「真の」実在物に関する説を発見し証明することこそ数学の使命だと言う。

一方、後者は数や関数などは想像の産物にすぎず、それを表す記号《シンボル》だけが実在すると主張する。したがって形式主義者の関心は純粋に言語的だ。数学とは「形式的な表現」であるところの一連の記号《シンボル》と、法則にもとづいたその操作方法の研究にほかならない。表現自体はなにも意味しない。「数」などというものは言語的な表現としてしか表現しえない。この点で唯名主義者に似ている。

さてタオに戻るが、タオについても同じようなことが言える。「タオ」を名詞として認めない人がいる。「タオイスティック」という形容詞は意味があるが、タオという存在は信じられないと言うのだ。中国の美術や哲学を学んだことのある人なら、たとえ形而上学に興味がなくとも、ある作品が他の作品より「タオイスティック」なのはわかるはずだ。たとえば、宋の風景画のほうが唐の美術より「タオイスティック」であるとされている。「タオ」という言葉に抵抗を感じる人は多いが、「タオイスティック」という言葉はだいたいの人が受け入れているようだ。

「また問題を避けている。せめておまえ個人としての意見を述べよ。曖昧なことを言って言葉を濁さずに、タオの存在を信じるのか信じないのかはっきりせよ。」　こう追いつめられたらわたしはどう答えるだろうか。それはそのときの気分によるだろう。西洋的な気分だったら（つまり存在するか否かの二元論を認めるときなら）、どちらかというとプラトン主義者のわたしは「タオは存在する」と答えるだろう。では東洋的な気分だったらどうか。禅師にこんなことをきいたら肩を棒でたたかれるのがおちだ。わたしは穏和な性格なので、おそらくただにやにやして（やや慇懃無礼に）「まあまあお茶でもどうぞ」と言うだろう。

5 タオはあいまい

タオは無形でとらえにくい
タオは隠れていて薄暗く、謎につつまれている
タオは万物の根源

老子

「タオ」という言葉を定義せよと言われても、もちろんわたしにはできない。定義できないのはわたしの「タオ」の概念のとらえ方が曖昧で不明確だからかもしれない。しかし不思議なことに、ほかの概念以上にとらえにくいわけではない。真、善、美、自由、決定論、正、誤、精神、物質といった言葉も、わたしにとっては同じくらい曖昧である。

ところでタオ自体が漠然としているならば、われわれがいだくタオの概念もそれに応じて漠然としていてあたりまえだとは言えないだろうか。概念は対象物を映すという見方だ。それによれば対象物が明快ならそれを反映して概念も明快になる。タオが漠然としたものであるなら、その概念も漠然としていて当然である。もし明快であったら対象物と異なるから正しくないことになる。タオの概念と

してふさわしいためにはタオそのものと同じくらい漠然としていなければならない。

　もちろんこの考えは穴だらけである。だいたい、概念が対象を映すという説は疑わしい。じつのところ、わたし自身もこの説をぜんぜん信用していない。ある対象物について概念をいだくというのなら理解できるが、概念が対象物に似るなんて理解できないし薄気味悪い。*01

　このように、タオの概念がタオを反映して曖昧であるという説がおかしいことが判明した。では、タオがとらえにくいということ自体はどうか。これもまた疑問の余地がある。とらえにくいものなどありえない、とらえにくいのは概念だけだという見方もある。つまり、曖昧さとはものの特徴ではなく、概念や叙述の特徴であるというのだ。わたしも曖昧なものなどありえないと思う。しかしタオは曖昧である。したがってタオはものではない。

　なんとわたしはタオがものでないことを証明してしまった！　こんなことはこれまで一度しか試みられたことがない。紀元前五〇〇年ごろのあるタオイストによって、万物がタオを通じて存在するのであるからタオはものではない、と証明されて以来である。ところで、この考えは現代の数学における類《クラス》と集合《セット》のちがいを示唆していて興味深い。

　わたしはいま証明という言葉を使ったが、これには皮肉をこめたつもりだ。タオを「証明」することからしてありえない。したがってわたしはなにも証明していないのだ。だいたいタオがとらえにくいということを、はたしてわたしは知っているのか。いやとんでもない。しかしおもしろいことに、知らなくともタオがとらえにくいことにかわりはない。（幸い、タオの曖昧さと曖昧さの認識とは別である。）
またも証明されていないことを仮定していると非難されそうだが、けっしてそうではない。第一に、わたしはタオはとらえにくいと仮定しているのではない。タオはとらえにくいと言っているのだ。第二に、タオがとらえにくいと証明する必要もない。そのような証明は不可能だからだ。証明することはその正体を解き明かすことだ。タオの正体など解き明かせるものではない。したがって証明できるものでもない。

では、タオの曖昧さについてもっと理性的、科学的に分析してみよう。「タオはとらえにくい」という記述は正しいか。「絶対的なものは美しい」という記述と同じように、正しくもなくまちがってもいない[*02]。それは無意味であると論理実証主義者なら言うだろう。しかもなぜ無意味であるか、みごとに証明してくれる。「有意義」という言葉も明確に、完全に定義してくれる。そしてこの記述が有意義の範疇に入らないことを示してくれる。したがって「タオはとらえにくい」という記述は曖昧すぎて正しくもなく正しくなくもないというわけだ。意外にこれは的を射ている。かれらが自覚している以上に真実に近い。「タオはとらえにくい」という記述は、実証主義者が言う「無意味」の狭い定義に照らしても曖昧かつ無意味であるばかりではない。（その定義からすれば、かれらが無意味と称する記述はたしかにすべて無意味である。）絶対的な意味においても曖昧である。わたし自身、これほど曖昧な記述を知らない。すてきに、みごとにとらえにくい。タオのように……。

6 タオの意味

一、タオは定義できるか

禅は中国のタオとインドの仏教をまぜ合わせ、日本人がこしょうと塩（とくにこしょう）で味つけしたようなものだ。禅を「哲学」とよぶには抵抗がある。禅は一連の認識論的な命題というより生き方であり、姿勢であり、ゲシュタルトだと言われる。この説明は的を射ているがやや誇張されたきらいがある。たしかに禅は「教え」であるより「生き方」だと思う。でも禅にまったく教えがないかと言うと、そうではない。[*01] しかも禅の教えは超自然的なものが内包されていることを強調している。そして、超越と内包とは同一である。この考えはつぎの詩によく現れている

鳥が梢で唄うとき
その声は大祖の教えを伝える
山の花が咲くとき

その香りとともに
真の意味が伝わってくる

「タオとはなんですか」という問いに対して禅師が「平常心」であると答えたのはあまりにも有名である。ここにも超越的なものは内包されているという考えが明らかだ。

もしタオが平常心にすぎないのであれば、もったいぶって「タオ」などとよばないで、なぜそのまま平常心と言わないのか、と疑問をもつ読者もいるにちがいない。

この問いに論理的に答えるのはむずかしい。まず、タオは平常心にすぎない、というのが問題だ。タオ＝《イコール》平常心ではない。タオは平常心であるとともにそれ以上でもあるのだ。「老子」によれば、タオは天地創造の前からあったという。それではわれわれの平常心もまた、天地より前から存在したのか。ひょっとすると存在したのかもしれないが、まずそういうことはないだろう。いずれにせよ、タオを理解するうえでこの言葉はなにがしかの手がかりにはなる。ただしあまり文字どおり解釈したら変なことになりそうだ。

タオという言葉はいろいろな言葉に訳されてきた。神とか自然、絶対的なもの、万物がそれを通じて存在するもの、大いなる空《くう》、道《みち》、生き方など……。わたしの気に入っているのは「ものごとがそうある理由」という定義だ。タオをこのように別の言葉で言い換えるのも楽しいが、それによってタオに関するわれわれの概念が明快になるかと言うとそうでもない。だいたい明快にすることがはたして好ましいかどうかもわからない。

「タオ」は定義できない、とも言われる。定義できないなどと言うとすぐ目くじらを立てる連中がいる。言葉を定義できないのは理解していない証拠、定義できないものは無意味、と批判する。しかし哲学者ヴィトゲンシュタインはいみじくもこう言っている。「意味を探すな、用法を探せ」と。この言葉にこそ問題の核心がひそんでいるのかもしれない。

もっとも、わたしはさらに一歩進めて「意味、少なくとも真の意味はそれ自体用法でもある」と言いたい。わたしにとって真の意味とはその言葉のあらゆる用法と、その言葉から連想することすべての総合にほかならない。それを簡潔に定義するなどどだい無理な話だ。したがって、老子が「タオ」と言ったときなにを意味していたかを知るのに「定義」という近道を当てにしてはだめだ。「タオ」の意味を理解するには、この言葉が使われている実例を何百何千も調べなければならない。それだけではない。タオ的な心のもっとも具体的かつ鮮明な表現であるタオイストの詩や画、書にも通じている必要がある。すなわち、タオイズムの哲学全般そして美術にひたらなければならない。

以上のことをしつくしてから、無数の用法をもつ「タオ」という言葉をひと言で定義してみるがいい。だがたとえそれができたとしても、タオの体験のない者にはなんとむなしく響くだろう。

二、タオは実在するか

タオは神秘的な体験を通じてしか知ることができないとも言われる。美的体験なら誰にでもわかる。しかし神秘的体験とはいったいなんだろう。両者は関係深いかもしれないがけっして同一ではない。ユーモアの感覚が神秘的感覚とも美的感覚とも異なるように、神秘的感覚は美的感覚と異なる。では、神秘的体験とは現実的なものの体験なのか、想像上の体験なのか。それとも対象物のない雰囲気のようなものなのか。

この不思議な問題をめぐって激しい論争が繰り広げられてきた。心理学者たちは多くの時間を費して神秘的な体験が現実的なものでないことを立証しようとした。かれらによれば、神秘主義者は精神不安定（とりわけ精神分裂症およびヒステリー症）の人間で、現実の世界に見出せなかったものを空想で満たそうとするのだそうだ。

一方、神秘主義を弁護する者――かれらは真の神秘主義者というより哲学者であることが多い――は、心理学者に負けぬ熱意で神秘主義者が認知する世界がきわめて現実的であると説く。さて、どちらが正しいか。

ここに音楽的な感性の持主と、ぜんぜんそうでない人がいたとしよう。このふたりが同じ音楽を聞いた。すると音楽的でない人は「音は聞こえるけれどメロディーは聞こえない」と言った。一方、音楽に敏感な人は「それぞれの音はもちろんのこと、もっと大切なメロディーも聞こえる」と言った。かれが聞こえると言ったメロディーとはなにか。両者が同じように認知した音、つまり音波は純粋物理的に実在するものとして一般に認められている。

ではメロディーはどうか。メロディーは実在するのか。それとも頭の中、想像の中にのみ存在するのか。メロディーが聞こえると言うとき、聞いたものは幻聴ではない。かれにとってメロディーはきわめてリアルだ。ただしそれが頭の中に存在するものか否かとなると問題は微妙であり、わたしにも答えられない。いずれにせよ、メロディーが実在するということに反論する人は少ないだろう。この意味でタオもまた実在するのだ。真のタオイスト（そしていわゆる神秘主義者）は、音楽に敏感な人がメロディーをじかに感知したように、タオ（神、自然、絶対的なるもの、宇宙的意識ともよばれる）をじかに感知する。音楽的な感性のある人はメロディーがあるという「信念」を必要としない。また、聖書などの権威によるたいこ判も必要としない。かれはメロディーそのものをじかに感じる、それだけのことだ。そしてメロディーというものは一度でも聞いてしまうと、その存在を疑うことはできない。

では、タオをじかに感知するとはどういうことなのか。メロディーをどうやってじかに感じるのか。聴覚を通じてだろうか。ことはそれほど単純ではあるまい。たしかに聞きとるという物理的な過程も不可欠だが、それがすべてではない。「メロディーを聞く」と言うときの「聞く」は、「音を聞く」と言うときの「聞く」よりもっと広い、微妙な意味で使われる。音楽的な感性のない人の聴覚器も音楽的な人のそれも性能は同じだ。にもかかわらず、後者しかメロディーを体験できないのはなぜか。それはメロディーが音の集合以上のものだからだ。メロディーはなんらかのパターンもしくは体系をもつ音の集合なのだ。

タオは物理的な宇宙にすぎないと言う人もいる。しかしこれでは「メロディーは音の集合にすぎない」と言うのと同じように、もっとも重要な真理を素通りしてしまうことになる。むしろ、宇宙とタオの関係はメロディーをなす音とメロディーの関係に似ている、と言ったほうがふさわしいのではないだろうか。

7 タオは神秘の女

谷の神は死なない
その名は神秘の女
神秘の女の門は
天と地の根源
その門はつねにわれわれの中にある
好きなだけ汲みだすがいい
涸れることはないのだから

老子

タオは神秘の女……。わたしがほれるのも無理ないではないか。謎に満ちた女ほど心を奪うものがほかにあろうか。謎だらけの女は二重に魅力的だ。第一に女であり、第二に謎に満ちている。世の中に女らしさと神秘性ほどすてきなものはないのに、その両方がそろったらまさに神聖と言うほかない。女らしさと神秘性のコンビはただの女らしさや、ただの神秘性の何倍も魅力的だ。言い換えれば、謎に満ちた女は謎のない女や謎めいているが女でないものに較べてずっとずっと魅力的だ。これでは、わたしがタオを大好きにならないほうがおかしい。

ここで、わたしが神秘的な女に魅かれる理由をもう少し精神分析的にさぐってみよう。わたしの人生の行路ですべての神秘的な女を代表するような女性がひとりでもいたろうか。妻はどうか。妻は女であり、ときには謎そのものである。かつての恋人たちはどうか。いずれも女であったし、それぞれ度合はちがうにせよ謎めいたところがあった。ほかに誰かいなかったか。誰か忘れていないか。

待てよ、タオは宇宙の母と言われているが、この言葉になにか関係ありそうだ。なんてことはない、わたしを生んだ母のことだ。なぜいままで気がつかなかったのだろう。わたしの人生における「神秘的な女」とは母かもしれない。まず母は女であった。（当然と言えば当然だ。）そして母は神秘的だった。ビクトリア朝時代の女性から受けつがれた、美しく気高い神秘性があった。そう、母こそわたしの「神秘的な女」なのかもしれない。

エディプス・コンプレックスというものがある。母親に対する思慕など、いろいろな可能性を示唆していて興味深い説だが、フロイトがこれを発表したときヨーロッパの人びとはショックを受けたものだ。いまではあたりまえになり、信じて疑わない人が多い。（とくにアメリカ人はそうだ。）もっとも最近になって、それを見直す動きもある。（若い心理学者の中にも、フロイトをロマンチックすぎると批判する者が少なくない。）

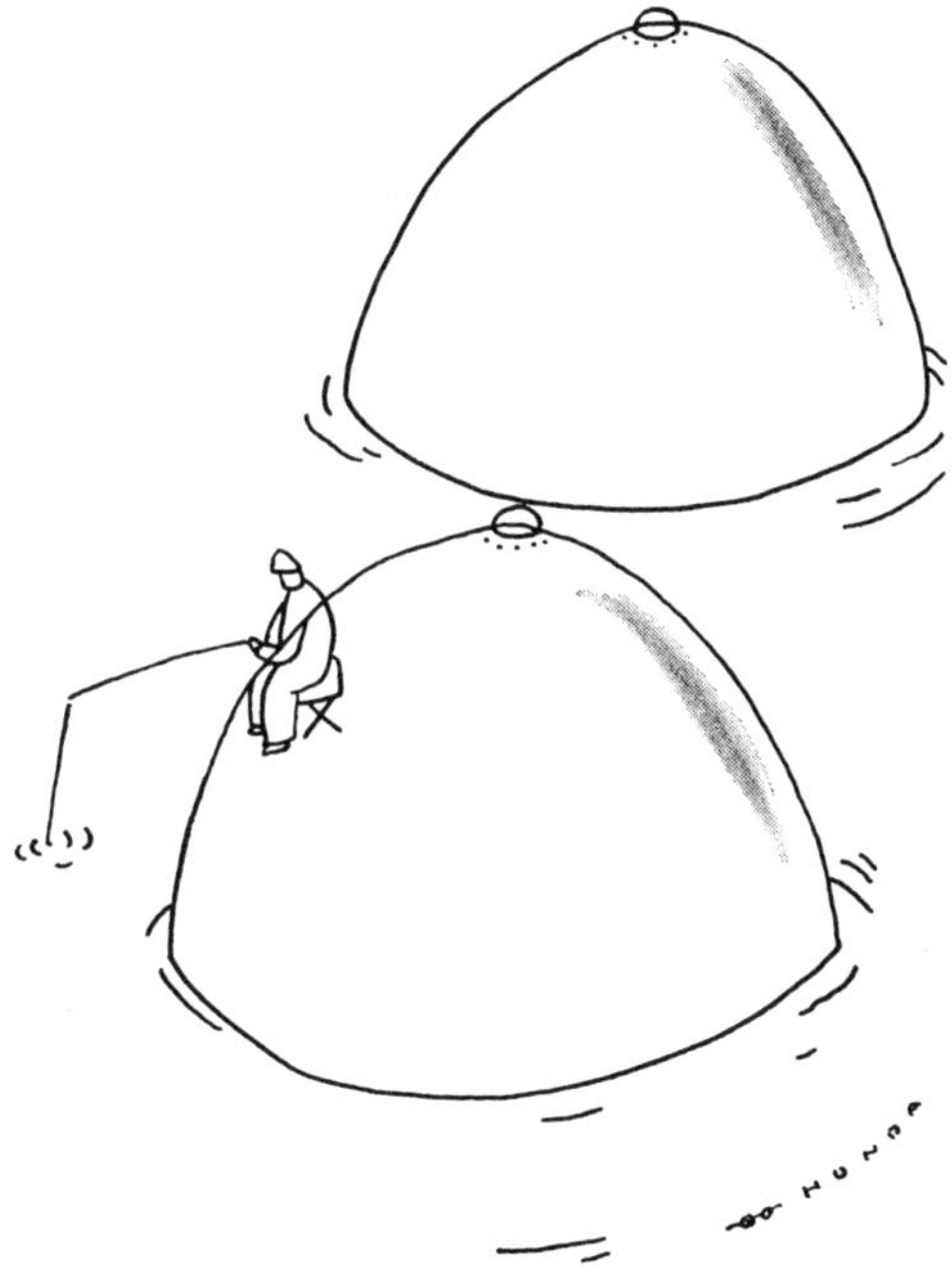

エディプス・コンプレックスの説に対する中国人の反応は痛快だ。中国人は驚きもしなければ夢中にもならない。笑って愉快だと言うだけだ。わたしも同じように反応するところからすると、根は中国人なのかもしれない。エディプス・コンプレックスの真実性や心理学的な重要性を否定するつもりはない。でもおかしいのだ。とくに魅かれる、または反撥する対象として母親を特別扱いすることがおかしい。もっと穏やかに、母親を人生で出会う多くの魅力的で神秘的な女性のひとりと見ることはできないものか。

ところで、わたしは謎のまったくない女などいまだかつて会ったことがない。わたしからみれば、女性はすべて神秘的だ。わたしは神秘性と女らしさゆえに女性を愛する。しかしだれにとってもほんとうに神秘的な女はひとりしかいないという考えはロマンチックなつくりごとにすぎない。神秘的な女とは、ひとりの人間ではなく、すべての神秘的な女にそなわった女特有のなにかだと思う。そして本性としての「神秘的な女」はぼんやりとして無形でとらえにくい。タオのように。

8 タオの名は？

いくら東洋哲学が好きなわたしでも、タオに名がないと言われると西洋人としてだまっていられない。タオには名前がありますとも……。タオという名前が。

東洋人——タオには名前がない。
西洋人——なにに名前がないですって？
東洋人——タオにさ。
西洋人——たったいま、名前を言ったじゃないか。

さて、西洋の論理と意味論に義理をはたしたところで、わたしの本音を述べることにしよう。まず、「タオは無名である」と言われるのと、「タオには名がない」と言われるのとでは受ける印象がちがう。両者のあいだには論理的なちがいはないが（だいたいこのような問題に論理的なアプローチがふさわしいかは疑わしいが）心理的なちがいはある。その証拠に、耳にしたときのわたしの反応がちがう。

「タオには名がない」と聞くとわたしの西洋人としての分析的な部分が反撥する。一方、「タオは無名である」と聞くと東洋的な気分になって心地よい。前者のほうが明快にきこえる。そしてその明快さにおいて明らかにまちがっている。後者のほうが漠然としている。漠然としているからこそ、うれしくなるような、おもしろい解釈がいろいろありそうなのだ。

曖昧な言説にすぐ目くじらを立てる人がいる。わたしは逆で、どちらかと言うと明快な言説に批判的だ。なぜなら、明快な言説は明快さゆえに「まちがっている」ことがあるからだ。しかし明快でしかも正しい言説だってあるではないかと反論されるかもしれない。もちろん的確な言説が要求される場合もあるだろう。しかしまた、曖昧な言説が適切な場合もあろう。いずれにせよ、つぎのことは念頭におくべきだ。明快な言説はそれなりの必要性もあろうが、ひとつの意味しかもたない。一方、曖昧な言説はさまざまな、豊かな意味を含むことができるということだ。

少し脇道にそれたようだ。もっとも、この問題自体、漠然としているからいったいなにからそれたのか定かでない。では「タオは無名である」という言説に戻ろう。これはじつに示唆に富み、謎だらけで詩的で美しいが、いったいどういう意味なのだろう。意味なんてないということもありうる。そうであれば『不思議の国のアリス』ではないけれども、意味を探す手間がはぶけていい。しかし実際はさまざまなおもしろい意味がある。すでに述べたように、無名とは名前をもたないことではない。では、タオの本質を適切に表す言葉はないということか。とすれば、いくつかの意味論的な問題が生じる。

だいたい、名称がそのものを正しく表すとはどういうことか。レイモンドというわたしの名前はわたしを正しく表しているか。（わたしの場合は正しく表していると言えるかもしれない。なぜなら、レイモンドは「賢い擁護者」という意味であるから。）マザーグースに出てくる卵の形をしたハンプティ・ダンプティ（ずんぐりという意味）は名前がそのものを正しく表している例だ。ハンプティ・ダンプティ自身、「わたしの名前は、わたしの形を表している」と言っている。

では「タオ」という名前はタオを正しく表しているか。わたしは表していると思う。もちろん、ハンプティ・ダンプティのように形を表しているわけではない。タオには形などないのだから。しかしこの言葉はタオがどんなふうかを表している。その意味で「タオ」という言葉はタオを正しく表している。だからタオには名前がないどころか、ぴったりの名前があるのだ。したがって「タオは無名である」ということは、タオを表す適切な名前がないということではない。もっとおもしろくすてきな解釈がある。じつはこれをずっと言いたかったのだ。

宇宙には名前をつけるだけで消えてしまうくらい敏感なものがある。もちろん、タオが名前をつけることによって消滅してしまうほど過敏だとは思わない。しかし、タオはひじょうに敏感であるから、名前をつけることによってほんのわずかではあるが変質してしまう。たとえば、タオは全宇宙だとしよう。宇宙に名前をつけること自体、宇宙におけるひとつの出来事である。したがって、名前をつける前とつけた後の宇宙はほんのわずかとはいえ変わっているはずだ。

もっと詩的に言えばこうだ。タオは鏡のようである。人が鏡を見ると鏡は変質する。鏡をのぞいた人が映るし、のぞかなければ映らない。だれも見ていないときの鏡がどんなであるかはわからない。[*01] 同じことがタオに関しても言える。タオに名前をつけると名前をつける以前のタオとは同一ではなくなる。そして名前をもたなかったときのタオのほうが、名前をもったタオより安らかであり真の姿に近い。この意味において真のタオは無名である。

ところで、老子などは無名のタオと名づけることのできるタオとを区別している。

無名のタオは天地の根源
あえて名づけるならばそれは万物の母

この解釈からすれば真のタオは無名であるというより、名づけることができないとしたほうが適切かもしれない。名づける過程で変わってしまうから名づけられないのだ。[*02]

では、タオに名前をつけずにタオについて考えるならば変わらないかというと、そうでもない。ある人が宇宙について考えたとする。その宇宙は宇宙について考えている人を含んだ宇宙であり、だれも宇宙について考えていない宇宙とは異なる。

こう書くとわたしは、夜中に現れては靴つくりにはげんだ小人たちの寓話を思い出す。電燈をつけてこの小人たちを見ようとしようものなら小人たちはたちまち消え失せ、二度と戻ってこない。要するにタオにはある程度のプライバシーが必要なのだ。あまり詮索したりじろじろ見ると、しなびてしまう。

タオはそっとしておくのがいちばん
巣の中の小鳥のように

9　タオは口数が少ない

タオは寡黙だ。これもタオが好きな理由のひとつだ。私は饒舌すぎる人間がきらいだ。自分でしゃべるのが好きだから、ほかの人は静かに聞いてほしいのである。

タオに向かってなら好きなだけしゃべれる。タオはけっして口答えしたり反論したりしない。おまえは利己的だとか、しゃべりすぎるとか非難しない。タオと話をするなんて言うと、精神分析の見識がある読者は、「それはタオと話しているのでなくひとり言を言っているにすぎない」とすぐさま判断するかもしれない。そんなことはない。言葉はすべてタオから生まれるものである。だからわたしがタオと話すときは、わたしが自分に言いきかせているというよりはタオがタオ自身に話しかけているのだ。このようにタオはひとり言を言う。しかしながらタオは饒舌でない。タオは黙っている。なんと不思議なパラドックスであろうか。

10 タオと賢人は議論ぎらい

一、タオは議論しない

タオは議論するか。もちろんしない。いったい誰と議論するというのか。少なくともわたしはタオと議論したことはないし、タオが議論するのを聞いたこともない。

この意味で、タオはキリスト教の神とぜんぜんちがう。旧約聖書を見るがいい。いろいろな人が神と議論する場面がやたら多い。一方、タオと議論するなんて、とにかく考えられないのだ。

二、賢人も議論しない

中国の賢人——老子曰く、「善人は議論しない、議論する者は善人でない。」

西欧の理論家—わたしは反対だ。

賢人——なにに反対？

理論家――あなたの言うことに。

賢人――それはなに?

理論家――善人は議論しないということ。

賢人――それはちがう。

理論家――ちがうとはどういうことだ。

賢人――わたしは善人は議論しないなんて言ってない。

理論家――言ったとも。はっきり、善人は議論しない、議論する者は善人ではないと言ったではないか。

賢人――老子がそう言ったと言っただけだ。

理論家――それはそうだが、わたしの言わんとしていることはわかっているはずだ……。とぼけたりして。

賢人――理屈に合わぬことを言う。

理論家――なぜそうあげ足をとろうとするのだ。

賢人――あげ足をとろうなんてとんでもない。論理的に話そうとしているだけだ。

理論家――論理的どころかいらいらさせるために屁理屈を並べたてている。

賢人――屁理屈なら論理的な証拠だ。

理論家――そうやってまた議論をふっかける。あなた自身、善人は議論しないと言ったばかりではないか。

賢人――わたしは言ってない。老子がそう言ったと言っただけだ。

理論家――それであなたは信じるのか。

賢人――老子がそう言ったことをか。

理論家――ちがう、ちがう。老子が言ったことが正しいかどうか。

賢人――信じる。

理論家――ならばあなたも善人は議論しないと思っている。

賢人――そのとおり。

理論家――それならはじめからそう言えばいいではないか。

賢人――なぜ？

理論家――またあげ足をとる。まったく矛盾している。

賢人――どう矛盾しているのか。

理論家――善人は議論しないと認めながら、一方でそれをまったく無視して議論しつづけている。

賢人――矛盾しているわけではない。ただ、いまは善人であるより議論したい気分なのだ。

では問題の老子の言葉について考えてみよう。この問答に出てくる西洋人と同様、わたしも少なくとも全面的には賛成できない。たしかにこの言葉には真実も含まれているだろう。しかし善人はけっして議論しないというのは明らかに言いすぎだ。いい例がこのわたしだ。わたしは議論好きだがけっして悪人ではない。たしかに善人は相対的に言えば議論しないかもしれない。しかし善人がまったく議論しないかというと、そんなことはないのだ。

わたしの従兄のアーサーも善人だが議論好きだ。アーサーはまさに西洋的な学者だ。ニューヨーク市立大学でモリス・コーエン教授について学んでいたころも議論しまくっていた。あるときとうとうコーエン教授はしびれをきらしてこう言ったそうだ。「これは哲学史の授業なのだから議論はもういいかげんにしてくれ。質問があるなら喜んで答えるが、議論はもうたくさんだ。」すると従兄は丁重にこう答えた。「わかりました先生。では質問があります。つぎの議論についてどう思われますか……。」

賢人は議論しない――もし老子がこう言ったのであればわたしはすぐに賛成したろう。賢人はふつう、ひじょうに賢明である。そして議論のむなしさをよく承知している。しかし賢人はそういるものではない。このわたしでさえ、いまだに賢人になれないでいるのだ。それはわたしが議論しすぎるからにほかならない。わたしが賢人になってみたいけれど、議論しないという犠牲をはらうくらいなら、ならないほうがましだ。

これは奇妙なジレンマだ。賢人になりたいのに議論好きな人間はどうしたらいいか。議論したくてうずうずしているのにじっとがまんすれば賢人に近づけるだろうか。わたしはそうは思わない。議論したいのを無理に抑えたら賢人になるどころかフラストレーションでノイローゼになってしまう。自殺だってしかねない。反対に好きなだけ一日中でも議論すれば、いつの日か議論し尽くしてもう言うことがなくなり、賢人の境地に達することも可能となろう。要するにこういうことではないだろうか。

賢人は議論しない
議論することに反対なわけではない
言うことがないのだ
賢人は生まれたばかりの赤子のように
空っぽで無知だ
賢人は母なるタオからじかに乳をもらう
必要な滋養はすべてあるのだから
どうして議論の必要があろうか

11 わたしは鏡のよう

賢人の心は全宇宙を映す鏡のようだ

荘子

　わたしは自分を賢人だとは思っていない。憧れてはいるのだがいまだになれないでいる。賢人ではないけれど鏡のようであることは確かだ。もっとも、荘子が言うようなタオイスティックな意味ではではない。他人との関係において鏡のようなのである。長い経験からわかったことだが、わたしと接するほとんどの人が、わたしの中に自分の性格を見出す。たとえば、敵意をもった人はわたしが敵意に満ちていると言うし、ひじょうにお人好しの人はわたしもお人好しだと言う。正直な人はわたしを信頼し、誠実で気どらない人だと言う。偽善的で誠実さに欠ける人はわたしが根っから不誠実で偽善者だと言う。頭脳明晰な人はわたしも頭がきれるというし、愚かな人はわたしをばかだと言う……。

　なぜだろう。ひとつの可能性は、わたしが鏡であるということだ。つまり人びとの魂を映しだすのだ。それとも、カメレオンのようにいっしょにいる者の性格に合わせてしまうのだろうか。たとえば、敵意に満ちた人といるとわたしも敵意を感じるし、自分勝手な人といるとわたしも利己的になり、寛大な人といると寛大になる。頭脳明晰な人といるとわたしは刺激されて才能を最大限発揮することになる。しかし、である。無知な人間といるとわたしまで無知無能になるかというとそうではない。不正直な人といてもわたしまで不正直にならないし、偽善的な人といることによってわたしまで偽善的になるとは思わない。したがってこのカメレオン説も部分的にしか正しくない。

心理学者はこんな解釈をするかもしれない。つまり、わたしがあまりにも自己中心的であるため、相手がわたしをどう判断するかによって相手を判断するという見方だ。たとえば「おまえは敵対的だ」と言われると、わたしはその人のことを「なんて意地の悪いことを言う奴だ、よっぽど敵愾心に満ちた奴にちがいない」と思う。あるいは「おまえは頭がきれる」と言われれば「わたしの本質を見抜けるとはなんと頭のきれる人なんだ」と思う。「ばかだ」と言われれば「わたしの知性を理解できないとはなんてばかな奴だ」と思う。この仮説が正しければ、わたしは鏡というより反鏡（そんなものがあるかどうかは知らないが）であることになる。実際このようなことを真剣にわたしに説く人がいるのだ。そういうかれらもまた、かなり自己中心的ではあるのだが……。

まじめなところ、この説にもある程度真実性があるだろう。しかし根本的には賛同しかねる。なぜなら、ある人がわたしの中に特定の性質を見るとき、かれの中にもその性質があることは、わたしだけでなく両者を知っている第三者もまた認めているからである。つまり、わたしの主観だけではない。実際にその人にもその性質があるのだ。

そういうわけで、わたしは鏡であるという仮説に戻ってきた。少なくともわたしは鏡のような気分だ。そして見方によっては、わたしは現に全宇宙を反映していると言えないだろうか。

12 タオはそこにも、ここにも

東郭子が荘子にたずねた。

「あなたがタオとよんでいるものはどこにあるのですか」

荘子は答えた。

「どこにでもある」

「もう少し具体的に言ってください」

「タオはこの蟻にもある」

「そんな下等なものにもあるのですか」

「この草にもある」

「もっと下等なものにもあるのですか」

「瓦にもある」

「もっと下等なものにもありますか」

荘子は答えた。

「糞尿にもある」
東郭子はもうなにも言わなかった。

この対話について、H・G・クリール（Creel）はつぎのように解説している。[*01]

ここに示されている宇宙観はウィリアム・ジェームズの言葉を借りれば、じつにたくましい。人間の虚栄心や感傷などみじんもない。究極的な宇宙の本質と人間の心との関わりは、宇宙の本質と道《みち》によこたわる小石との関わり以上のものでも、それ以下のものでもない。これだけ人類に容赦のない宇宙観をいだいたのは中国のタオイストたちだけではなかったにちがいない。

少なくともこの対話に関するかぎり、わたしの解釈はクリールと異なる。（クリール自身もあとで見方を変えている。）ここに示されたタオイストの宇宙観は人類に容赦ないとは思わないし、たくましいとも思わない。

人間は蟻や草より「優れている」と信じている人にとっては、荘子の言葉は人類に厳しいと映るだろう。しかし、荘子はここで人間を蔑んでいるのではない。むしろ、蟻や草などを賛美し美化し、もしくは祝福しているのではないだろうか。少なくともわたしはそう感じた。これはとりわけ「たくましい」宇宙観だとは思わない。たくましい人はそう思うかもしれないが、心優しい人は優しさあふれる言葉だと思うだろう。ということは、荘子が真の賢人であったことを物語っている。荘子は鏡のように、すべての人の性格を映しているから。

13 タオはいばらない

偉大なタオは右に左にどこにでも流れる
万物はタオなしには存在できない
タオはなにも見捨てない
タオは多くのことを成し遂げても
自分がやったのだと主張しない
タオは万物を育み愛する
しかしけっして権力者面《づら》しない

老子

タオはいばらない。これもタオのすばらしいところだ。タオは万物万人を愛し養いながら、けっしてあやつろうとはしない。真に力になってくれるがけっして威圧的ではない。

ユダヤ・キリスト教においては神への服従が強調され、神への反抗や自尊心や身勝手は罪であるとされている。自分の意志を神に委ねなければいけないとキリスト教は教える。キリスト教徒は「神よ、願わくば、わたしでなく、神の御旨の行なわれんことを」と祈る。

キリスト教徒と対照的なのがタオイストだ。タオイストは「服従」など口にしない。そのかわりタオとの「調和」を説く。このほうがずっと魅力的だ。しかも「タオと調和せよ」と命じもしない。道徳基準としてこれを遵守しろとも言わないし、将来に報いがあるからそうしろとも言わない。タオと調和の状態にあること自体が心の安らぎであり、報酬なのだ。この意味でユダヤ・キリスト教における「神との霊友」に似ている。

「自分の意志をタオに委ねる」などと言ってもタオイストはぴんとこないだろう。まずタオに意志があるというのが奇妙だ。意志を持つことは押しつけがましさにつながる。しかしタオは、けっして押しつけがましくない。それはともかくとして、個人のいわゆる「意志」というものがタオの一部なのだから、意志をタオに「委ねる」という考えはおかしい。といってタオイストが自由意志を否定しているわけではない。(肯定もしていないが。)むしろ個人に自由意志があるのか、それともすべてあらかじめ決定されているのか、を論じてもしようがないという立場をとっている。タオイストによれば、われわれが「自由意志」とよんでいるものはタオの一部である。「自然に対抗しようとする行動自体が自然の法則に従っているのだ」とゲーテは言っている。鈴木大拙もまた西洋人は自然を征服し支配していると思いこんでいるが、じつはそれによって自然の法則にかなっていることに気づかないと書いている。[*01]

わたし自身はどうかと言うと、「神への服従」だとか「自分の意志を神に委ねる」という言葉に対して強い抵抗感をおぼえる。わたしがこれほどの拒絶反応を示すのは、自尊心が強く、不遜でエゴイスティックでわがままだからだと責めるクリスチャンもいるが、ほんとうにそうだろうか。「他人が意志を神に委ねるのはかまわないが、わたしの意志を委ねるのはいやだ」と言ったのであればこの指摘も外れてはいない。しかしわたしは、誰であれ意志を神に委ねるなどいやなのだ。要するに生命あるものが、その意志を生命ある別の生き物に委ねる、一方が命令しもう一方が服従するというのはがまんならない。

ところで最近、アラン・ワッツの本を読んでいて「神への服従」の肯定的な解釈に出会い、この考えを改めさせられた。ワッツはつぎのような人を例にあげている。この人は自分の意志を神に委ねようと決心し、そのために何年間も内なる修行と苦行と浄罪を重ねた。修行を終えたとき、かれはそれまで激しく自己と闘ってきたことが幻にすぎなかったことに突如として気づく。かれはその時点で自分の意志がずっと神の意志の一部であり、自分のいわゆる「反抗」もやはり神のはたらきの一部であったことを悟る。神に「反抗してはいけない」のではなく「反抗できない」ことを実感するのだ。自然を支配していると思っていたのに、じつは自然を支配している気になるよう、自然にあやつられていたことに気づくようなものだ。ほんとうは人間が自然を支配しているのでも自然が人間を支配しているのでもない。自然と人間はひとつなのだ。（ヨハネ福音書でイエスが「神とわたしはひとつである」と言ったとき、同じことを意味していたのかもしれない。)

「自分の意志を神に委ねる」ことがタオの調和や禅の悟りに通ずるものであれば認めないわけにはいかない。しかし、そのためにひじょうに苦しい精神の鍛錬を経なければならないのが気に入らない。もっとやさしい道《みち》はないものか。

ここでわたしはふたたび、川辺に佇むタオイストの賢人のことを思わざるをえない。賢人は「服従」とか「意志を委ねる」ということに心をわずらわされることがない。あらたまって「タオとの調和」を思索することもない。賢人はタオと調和の状態にあり、それを満喫しているのだ。

14 タオは傲慢か

タオは傲慢ではない
といって傲慢を非難もしない
タオから傲慢さが生まれることはあっても
タオの本質にはない
傲慢さとおよそ無関係なタオには
「傲慢」の概念も無用だ

悲しいことに、これまで多くの偉大な人の言葉が傲慢というレッテルをはられてきた。そのうちのいくつかをとりあげ、どのように誤解されてきたかみてみよう。

その前に、傲慢さについてひと言言わせてほしい。人のことを傲慢と決めつける人は、たいてい自分自身の中にまさに「傲慢」とよんでいる性質をもっているものである。そのいい例がわたしだ。「人のことを傲慢だと決めつける人自身傲慢だ」というわたしも傲慢であることになる。

さて本題に戻ろう。

一、西洋の多くの道徳家は孔子をけむたがっているようだが、わたしはわりに好きだ。それは孔子が「こうしなさい」とか「こうするな」とか言わず、「優れた人はこうする、賢人はああする」などと説くからだ。このように言うと反撥する人が多い。（そういう人はみな傲慢だ。）「孔子はなんて傲慢なんだ。優れた人間や賢人ならこうする、ああするなど、わかったようなことを言って、いったい自分を何様だと思っているんだ」とかれらは言う。こんな人間にはつきあいきれない。

二、『老子』につぎのような記述がある。

優れた人間はタオについて聞くと
それを実行に移す
ふつうの人間はタオについて聞くと
無視する
劣った人間はタオについて聞くと
あざ笑う

もしあざ笑わなかったら
それは真のタオではない

これを読んで、「老子は自分がタオを真に理解する〝優れた〟人間で、自分より劣る人間はタオを無視するかあざ笑うと思っている」と受けとる人もいる。このような人にはなにを言っても正当化のための理屈にすぎないとかたづけられてしまう。こんなときこそ「善人は議論しない」という老子の言葉をかみしめるべきなのだろう。……でもいまは善人でなくていい。議論したい気分なのだ。

わたしの論旨はじつに単純だ。あまり単純すぎて物足りないくらい。つまり、他人の偉大さを認めることのできる人はかならずしも自分を偉大だとは思っていないということだ。賢人の行動を理解するのに自ら賢人である必要はない。

さて孔子に戻ろう。孔子は自分のことを賢人だとは思っていなかったし、他人のこともなかなか賢人と認めなかった。『列子』につぎのようなやりとりがある。[*01]

あるとき殷の大臣が孔子に「あなたは賢人でしょう」と言うと、孔子は驚いてこう答えた。

「賢人なんてとんでもない。幅広い学問と知識はもってはいるが、賢人とはとうてい言いがたい」

「では三人の王は賢人でしたか」と大臣がふたたびたずねると孔子は答えた。

「三人の王はひじょうに賢明で勇敢でした。しかしはたして賢人と言えるかどうか」

「では五人の皇帝はどうか」

「五人の皇帝は利他主義に徹し高潔だった。しかし賢人とは言えないでしょう」

「では三人の君主はどうか。かれらこそ賢人だったと言えないか」

「三人の君主はそれぞれの才能に応じて有徳でした。しかし賢人と言えるかどうか」

「ではいったい誰が賢人なのか」と大臣がしびれをきらしてきくと、孔子はしばし考えてからつぎのように答えた。

「西に真の賢人がいると聞く。かれは統治しないが秩序は守られている。無言だが、ごく自然に信頼されている。改革を行なわなくても人びとは自然に正しい行為をなす。かれがあまりに偉大で、あまりにも理解を超えているので人びとはかれをなんとよんでいいかわからない。この人こそおそらく賢人だろう。しかし実際にそうかどうかは知るすべもない」

三、イエスは十字架上で、「父よ、かれらを許したまえ。かれらは自分たちがなにをしているのかわからないのです」と言った。このイエスの言葉は傲慢だとする人がいる。恩着せがましく、高慢にも人に許しをほどこすことができると思いこんでいる、というわけだ。しかしイエスはけっして「わたしはおまえたちを許す」とは言ってない。「父よ、かれらを許したまえ」と言っているのだ。似ているようでも、このふたつはかなり異なる。

四、釈迦は生まれたとき、「天上天下、唯我独尊（天の上にも下にも、わたしほど尊い者はいない）」と言ったと伝えられている。

これも傲慢だと非難する人が多い。しかし、生まれたばかりの赤ん坊を傲慢だと決めつけるのはいかにも滑稽だ。わたしは釈迦のこの言葉が気に入っている。しかしまた、雲門という禅師のコメントもまたおもしろい。雲門は「釈迦がそう言った場に居合わせていたら、すぐさま釈迦を殺し、屍を犬たちにくれてやったろう」と言ったという。

誤解しては困る。釈迦を殺し犬に食わせることがよいと思っているわけではない。あえてそのような発言をしたことが愉快だと言っているのだ。

雲門の言葉はおそらく釈迦を神格化し、崇拝することによって開眼できると思っている人びとへの戒めだったのだろう。ところで、すべての禅師が仏陀の崇拝に目くじらを立てているわけではない。崇拝している者もいればしない者もいる。[*02] いずれにせよ仏陀を崇拝すること自体にどんな価値を見出していようと、崇拝と悟りは別だと割り切っている点ではほぼ一致している。

実際、ものごとを理解するかわりにそれを崇拝するというのはよくあることだ。崇拝は一見、その対象を自分のものにする（つまり理解する）かのように見えるが、じつは逆にそれと自分の間に距離をおくことになりがちだ。考えてもみるがいい。ビタミンを必要とするときに、ビタミンをとるかわりにビタミンを崇拝するだろうか。水に棲息する魚は水を崇拝したりしない。タオに生きる賢人もけっしてタオを崇拝しない。雲門が言いたかったのはこれにちがいない。釈迦あるいは仏陀の本性を受け入れるかわりに仏陀を崇拝するのではいけない、と。いずれにせよ、雲門が本気で生まれたばかりの釈迦を傲慢だと信じていたわけではないことは確かだ。

15 仏陀を崇拝すること

ヨハネ福音書の中でイエスは「神とわたしは一体である」と言っている。（ちなみにほかの福音書ではこのような言葉は見られない。）イエスは、神自身がイエスという人間の姿で地上にあらわれたと主張しているのだと思われる。もし「神とあなたがたは一体ではない」とつけ加えたのであれば、イエスには神学的に見てほかの人間にない特別な地位が授けられていたことになろう。しかしイエスはそう言わなかった。したがって、この言葉から神はイエスのみにあらわれたのだと決めつけることはできないだろう。

ヒンドゥー教やヴェーダーンタの哲学者の中には「ブラーフマンとわたしは一体である」と主張する人がゴロゴロいる。「ブラーフマンとわたしは一体である」とは、すなわち「この宇宙には唯一の霊が存在し、それはわたしであり、あなたであり、そしてブラーフマンである」ということだ。「ブラーフマンとわたしは一体である」というとき、キリストにあると言われるような特殊な神格を主張しているわけではない。

キリスト教徒の中にも、神がイエスという人間の姿であらわれたという説に反対する者がいる。かれらによれば、キリストはあくまでもひじょうに啓蒙された人間であり、キリスト教の偉大な師であり改革者である。そのために「神とわたしは一体である」とキリストに言わせているヨハネ福音書を否定する者さえいる。人間の中でイエスのみに神があらわれたと信じないからといって、ヨハネ福音書を否定しなければならないとは思わないのだが。

いずれにせよヨハネ福音書は現に存在する。わたしはイエスは神の化身のひとつだと思うが、この自説を人に押しつける気はない。ヨハネ福音書の記述をもって、イエスが神の唯一の顕現である証拠だとする考えには疑問をもつが、そういう解釈もありえなくはない。だから、イエスを神として崇拝するのもある程度納得できる。

しかし釈迦を神として崇拝するのはどうにも納得できない。釈迦自らが神であることをはっきり否定しているというのに！　イエスの場合、はじめ三つの福音書ではイエスの神格を肯定も否定もしていない。四番目のヨハネ福音書ではじめて肯定しているように見うけられる。だからイエスを神格化するキリスト教徒がいても不思議ではない。しかし釈迦を神扱いすることは釈迦の言葉にそむくことになるのだ。釈迦は神でありながらそれを自覚していなかったとでも言うのか。論理的には可能でも実際にはありえないではないか。

だいたい、ものを神格化したがる人間が多い。そして、おおよそ関係ないところでオカルトやらテレパシーやら超自然的なものをもちだしたがる。優秀な科学者や数学者もしかり。かれらのようにきわめて知的な人でさえ手品師の読心術をテレパシーと思いこんでいる人が多い。わたしは手品と読心術にかけてはプロだから手口をよく知っている。それなのにわたしの芸当を見て、どうしてもテレパシーだと言いはる人がいる。じつに単純でメカニックなからくりがあり、それを習得すれば誰にでもできる。プロの手品師として明かすわけにはいかないだけだ。

釈迦を神格化するのは、なにかを神格化せずにいられないからだろう。そこで気の毒にも釈迦が選ばれてしまった。さらにひどいことには仏像を崇拝する人がいることだ。ユダヤ教で言うところの偶像崇拝だ。ユダヤ教徒のように、禅宗も偶像崇拝や釈迦個人の神格化に反対している。「釈迦に会ったら殺せ」とか「釈迦の名を口にしたら口を洗え」といった言葉はそれに対する戒めにほかならない。

仏陀を崇拝するのと仏陀を神として崇拝するのとではぜんぜんちがう。わたしはベートーヴェンやモーツァルトの崇拝者だが、かれらを神だとは思っていない。同じように仏陀を崇拝することはできる。それは精神的に貴重な経験だ。

ここで仏陀の崇拝に関する四つの対照的な話を紹介しよう。

第一話はあまりにも有名だ。ある寒い日、燃やすたき木に事欠いた禅師が、寺の仏像を壊して火にくべてしまった。これを見た僧は「なんたる冒瀆」と驚愕した。すると禅師はほほえみながらこう言った。「木を燃やしたにすぎないではないか。仏様も許してくださるにちがいない。」さらに長い論争が続くのだが、仏像を燃やした禅師のほうが真の意味で「求道者」であり、それに反対した僧が偶像崇拝者にすぎないことがほのめかされている。その話は一茶のつぎの俳句を思わせる。

大仏の鼻から出でたる乙鳥《つばめ》かな

前の話よりこの句のほうがずっと深みがあると思う。同じ金属の塊であるにもかかわらず、仏陀の像として見ることもできれば、鳥が身を休める大きな穴(鼻の穴)のある物体としても見ることができる。このふたつでは機能がぜんぜんちがう。鳥のすみかとしての機能のほうがなんとなく神聖な気がするのはわたしだけであろうか。(木の仏像を燃やしてしまった禅師もそう思ったのかもしれない。)すばらしく無心で崇敬とか崇拝とかにはまったく無頓着な鳥たちが仏像に巣をつくる。なんとすてきな光景だろう。仏像は仏陀としての性格とまったく無関係に巣づくりに適していたのだ。

しーんとした森の中の大きな仏像の前に立って黙禱していると、突然羽ばたきが聞こえ、二羽の鳥が仏像の鼻の穴から飛び出してきたとしたらはっとするにちがいない。そんなときにこそ人は悟りを開くのではなかろうか。

一茶の俳句はさらにつぎの蕪村の有名な句を思い起こさせる。

釣鐘にとまりてねむるこてふ哉

ではつぎの話に移ろう。あるとき禅師が仏像を拝んでいると修道僧が来てこうきいた。

「なぜ仏像を拝むのですか。禅の教えに反するではありませんか。仏像に向かって唾をはく師もいるというのに」

禅師は答えた。

「仏像に唾かける者もいるだろう。だがわたしは拝む。拝みたいから拝むのだ」

第三話。これがまたじつにいい。

あるとき禅師が仏像を拝んでいると、僧がやってきて「なぜ仏像を拝むのですか」ときいた。

「拝みたいから拝むのだ」

「しかし師は、仏陀を拝んだからと言って悟りを開けるわけではないとおっしゃったではないですか」

「悟りを開くために拝んでいるのではない」

「ではなぜ拝むのですか。理由があるでしょう」

「いや、理由なんてない。拝みたいだけだ」

「しかしなにかを求めておられるのでしょう。目的がないわけはありません」

「目的あって拝んでいるのではない」

「ではなぜ拝むのですか。目的があるはずです」

するとと禅師は僧の頬に平手をくらわした……。

禅師が僧を打ったのは、僧の言葉が「冒瀆」だったからでも「不信心」だったからでもない。単にいらいらして打ったのだ。そこに目的はない。仏像を拝むのに目的がなかったと同じように。わたしが禅師だったらやはり僧に平手をくらわしたい気分になったろう。この僧のように他人に行為の「目的」をしつこくききたがる人がいるものだが、これほどずうずうしくて意地の悪い行為はない。およそ世の中で人間のもっとも美しい行為やもっとも大事な行為というものは、目的意識なしに行なわれることが多い。結果としてなにかを成し遂げるかもしれないが、それをねらったわけではない。表面的には同じに見えてもはじめからそれをねらった行為とはまったくちがう。このへんが西洋人には理解しにくいところである。


第四話に入る前に、敬虔と不遜ということについて若干述べたい。残念ながら、世の中にはこのどちらかの極端に走る人間が多い。一方には、いつもまじめくさっていて、うやうやしくふるまい、不遜な行為に顔をしかめる人びとがいる。また他方では、不遜であることに快感をおぼえ、崇敬の念など感傷的でくだらないと侮蔑する人びとがいる。タオイストの立場はその中間のちょうどいいところにある。熱烈に敬虔でもなければ、おそろしく不遜でもない。一方、禅師はあるときはひじょうに敬虔に、そしてその直後にはきわめて不遜になれるというすばらしい能力をもっているようだ。そのうえ、そのように変身することになんの矛盾も感じない。

第二話と第三話は、自然にわきあがる敬虔さを扱っている。敬虔でなければならないから敬虔なのではない。第一話は、敬虔と不遜のみごとな合成と言えよう。これから述べる第四話には、痛快な不遜さがあるが、奥底には敬虔とか不遜とかいう区別を超越したなにかがある。

あるとき禅師の馬祖のところへ僧が悟りを開こうと願ってやってきた。そして「仏陀の最大の教えはなんでしょうか」ときいた。師はこう答えた。

「では教えてあげよう。このように厳粛なことがらについて話すときには、まず仏様に向かっておじぎをしなければならない。」

僧は、すなおに従っておじぎをした。そのとき師は僧の尻を思いっきり蹴とばした。僧はこの思いがけない一撃に思わず笑いだし、しばらくとめることができなかった。そして笑っているうちに陰気な悩みは跡かたなく消えてしまった。この瞬間、僧は悟りを得たのである。その後僧は人に会うごとにこう言ったそうだ。

「あれ以来笑いがとまらないのです」と。

16 タオに生きる

ユダヤ・キリスト教では、「神への畏れ」「神への愛」「神への服従」といった言葉をよく耳にする。中国の初期のタオイズムでは、「タオへの愛」とか、ましてや「タオへの畏れ」といった言葉は見当たらない。そのかわりに「タオとの調和」が強調される。

タオは万物を愛し育むがけっしていばらない。タオはすべての生き物に対してやさしく情け深い。タオを信じようと信じまいとタオの恩恵にわけへだてはない。神を「救い主」と仰ぐ者にのみ情けをほどこすどこかの宗教とはちがう。したがって「タオを畏れる」など考えられない。タオを信じるにはタオを愛する以外にない。タオを愛する心はあまりにもあたりまえで、とりたてて説く者などいない。タオを愛せよと命じるのは親友を愛せよと命じるのと同じで、いらぬおせっかいなのだ。

これとは対照的なのが聖書である。聖書では「汝の主である神を全身全霊を尽くして愛せよ」と命じている。聖書はまた「救いを求めよ」と説く。もっとも、人間の目的は「神を愛し、神を享受することにある」と主張するプロテスタントの宗派もないではない。

タオイストの賢人は、命令だから、務めだから、またはある目的のためにタオに生きているのではない。タオに生きたいからタオに生きているまでだ。賢人はタオからなにも求めない。自らの魂の救済を求めているのでもなければ、将来なんらかの報いを期待しているのでもない。タオに生きることが楽しいからそうしているのだ。

エルカ・パークにあるわが家をおとずれる多くの友人や子どもたちがそうだ。かれらがわたしたちとともに過ごすのは、そうしろと言われるからでもないし、義務感からでもない。将来役に立つだろうという期待からいやいやいるのでもない。子どもたちの言葉を借りれば、単純に「ここが気に入っているから」いるのである。

17 タオは咲く花のごとし

つぎのような映画の一シーンを思い出す。

作家である主人公と村医者のヒロインが美しい風景をながめながら談笑している。作家がため息をついて「そろそろ仕事に戻らなきゃ。日がな一日なまけて暮らすわけにはいかないからね」という。するとヒロインはこう答える。「目的にかなうなら、それはそれでいいじゃないの。」

その目的がなんであるかは終始不明のままで、そこがまたこの映画のいいところなのだ。

さて、タオに目的はあるだろうか。

かつて、唯物論者で無神論者の女性生物学者に、宇宙に目的があると思うかときいたことがある。彼女は「宇宙には方向性はあるけれど、目的はないでしょう」と答えた。これは興味深い答だ。ある意味でタオイスティックだとも言える。タオに目的を見出そうとすること自体、反タオイスティックである。タオにおいて重要なのは、なにを目的とするかより、自然に内発したものかどうかということである。ユダヤ・キリスト教の神とちがい、タオは創造主ではない。むしろ、タオはものの中に入りこみ、それぞれのものを特徴づける。老子風に言えば、

タオは目的をもたない
もたないからこそ、すべての目的を
みごとに満たしている

ということになろうか。

「仏陀の崇拝」の十五章で、目的をもつことと目的にかなうことのちがいを述べた。たとえば、木が育つこと、川が川下に流れることに目的があるとは言いがたい。しかし木も川も目的にかなっているようである。「人間を木や川と比較するのはおかしい。理性をもった人間は、当然、目的をもって行動すべきだ」と反論する人もいるだろう。タオとは対照的な、西洋のいわゆる「合理的」な考え方にもとづく反論だ。自らの「合理性」を誇る者は、とかく「合理的な人間はつねに合理的な目的をもたなければならない」と考えがちだ。幸い、西洋人すべてがこう思っているわけではない。自分の人生をふりかえってつぎのようなことを書いた人もいる。

「わたしがやってきたことのほとんどは目的あってのことではなかった。いまにして、その背後にあった目的が見えてきた。」

誤解を避けるために言うならば、目的をもつことがよくないなどと言っているのではけっしてない。ただつねに目的がなくてはいけないとするのはおかしいと言っているのだ。タオイストとて目的をもつことに反対しているのではないだろう。要するに、目的ある行為がひじょうに役に立つことがあるように、目的のない行為もまた、ときには偉大な目的にかなうことがある、ということか。

前にも述べたように、人にその行動の目的をしつこくせまるのは破壊的で悪意に満ちている。例をあげよう。

ここに不遇の演奏家がいる。かれは演奏家をめざす人に向かってこう言った。「なぜ演奏会を開くのか、自分自身に問いただすべきだ。」ずいぶんひどい話だ。演奏家を夢見る者が演奏会を開きたい根拠を自問自答する必要がどこにあるというのだ。演奏会を開いてみたい、その気持だけでじゅうぶんではないか。ジャンヌ・ダルクに向かって「ジャンヌよ、おまえがなぜそのように闘いつづけるのか、じっくり考えてみよ」などと言うばかがいるだろうか。

「なぜ演奏会を開きたいのか」ときかれた演奏家は返事に窮すると思うが、こんなふうに答えてみるのも一興だろう。(「バイオリン弾き」と題するわたしの詩である。)

バイオリン弾きはバイオリンを弾く
たとえ聞く者がひとりもいなくても
バイオリン弾きはバイオリンを弾く

また、仏光国師の句もふさわしい答を提示してくれる。

まもるともおもはずながら小山田の
いたつらならぬ案山子《そほづ》なりけり

つぎにあげる一休の言葉も(その精神はわたしの「バイオリン弾き」と相通ずる)、それに関するR・H・ブリス(Blyth)の解説も、「なぜ演奏家は演奏会を開くのか」という問いに対するすばらしい答を示していると思う。

かきおくも夢のうちなるしるしかな
さめてはさらにとふ人もなし

この句について、ブリスはこう解説した。[*01]

ここに示された超越的な精神はシェイクスピアにも見られる。たいへんな辛苦と感動を経て生まれた戯曲が、はたして文学として残るかとも、そもそも残るかどうかも気にせずに、シェイクスピアは戯曲を書きつづけたのである。

一休の言葉もブリスの解説も大好きだ。シェイクスピアについては詳しくないので歴史的な信憑性のほどは定かではないが、自分の作品をこのように痛快につきはなすことができるのはシェイクスピアひとりではあるまい。

芸術や科学にたずさわっている人で、自分のしていることが好きで好きでたまらない人がいる。名声に対する関心はもちろんのこと、他人と成功を分かち合いたいといったさらに高潔な感情でさえ、自分がしたいことをするのに較べれば二の次だと思っている。わたしはこんな人にとても魅かれる。

ある禅の逸話を紹介しよう。

三人の人が丘のふもとにいた。丘の上にいる人を見ながら、その人がなぜそこにいるのか議論を始めた。

ひとりは「友達を捜しているのだろう」と言い、もうひとりは「飼い犬を捜しているのだろう」と言った。残りのひとりは「ただ新鮮な空気を楽しんでいるのだろう」と言った。それから三人は頂上に登り、その人にかわるがわるたずねた。

「友達を見失ったのですか」

「いいえ」

「では犬を捜しているのですか」

「いいえ」

すると三人目の人が言った。

「わたしの思ったとおりだ。ただ新鮮な空気を満喫しているのでしょう」

するとその人は否と答えた。三人が不思議に思い「ではなぜここに立っているのですか」ときくと、こういう答がかえってきた。

「立っているから立っているのです」

われわれはいろいろな行為をする。なぜするのか。ウィリアム・ジェームズ（James）はこう言っている。


洋服を着たり、脱いだり、仕事に行ったり帰ってきたりするといった日常の行為は、特別の場合をのぞき、いちいち頭の中でその行為が快いか痛みをともなうかなどと考慮することなくなされる。思いついた瞬間実行に移しているのだ。わたしは息をすることが快いから息をしているのではない。ただ息をしているのを自覚するだけである。わたしにとって書く作業も同じだ。書く楽しみのために書くのでもない。気がついてみたら書いていたのである。そして知的な興奮がわたしをして書きつづけさせる。テーブルの上のナイフを無意識にいじることがある。楽しみゆえに、または痛みを避けるためにそうしているのではない。ついしてしまうのだ。人間の神経系はそうしたものなのだ。手もちぶさたから、あるいは落ち着かないためにする行為のほとんどには理由がない。

この記述はとてもタオイスティックだ。「なぜそうするのか」という問いに、ひとつの答を示唆している。心理学者であり哲学者でもあるジェームズの答は、わたしが提示した答に較べて神秘性に欠けはするが、そのちがいは表面上のことだ。

神秘家はなぜ神秘主義の道を歩むのか。なにを求めているのか。なぜ悟りを開きたいのか。それが義務だとでも思っているのか。忘我の喜びのためか、魂の救済のためか。いったいどういうつもりなのか。このような問いにヤコブ・ベーメ（Boehme）はみごとに答えている。[*02]

神の深淵に向かってわたしが登ったように、あなたもこのはしごを登ってきたのであれば「よくやった」としか言いようがない。理性的に考えぬいたすえにこの認識に到達したのではない。意志と目的意識によってこの仕事を成し遂げたのでもない。この認識を求めたことすらないのだ。

第2部

タオはとがめない

18 性善説か性悪説か

タオイストも儒学者も人間の本性は元来善であるという立場をとっている。もっとも、儒教は道徳を説くことによって、かえって人間の本性を腐敗させるという批判もタオイストの間にないわけではなかった。しかし両者とも、人間は基本的には善である、と信じる点では一致していた。孔子は「人間の本性は善であるが、老年まで善を保ちつづける人は少ない」と言っている。タオイストや儒学者と対照的なのが中国の法家思想家（現実主義者ともよばれる）である。かれらによれば、人間の本性は元来悪だから、現実に人びとを治めるときは腐敗した人間の本性をじゅうぶん考慮して対処しなければならないという。

法家思想家たちは、身の毛もよだつような全体主義政権を打ちたてた。何千人もの儒学者が処刑され、古典書物はかたっぱしから焼かれ、拷問も容赦なく行なわれた。民は互いに行動を監視し合うことを強いられ、「不穏な言動」を報告しない者は「罪人」同様、罪に問われた。法家思想家はかくもひどい悪政を行なったわけで、これに較べればタオイストと儒学者とのくいちがいなどとるにたらない。言うまでもないが、わたしは法家思想家よりタオイストや儒学者の考えに賛成だ。もちろん、人間の本性は善だとも！　なぜそんなに確信しているかというと、まず、わたしが本質的に善であるからだ。これはじつに明白だ。「本質的」とは生まれながらにして善であるということだ。この世に生を受けた当初から、わたしは誠意と好意に満ち、すべての人を愛し、これっぽっちの悪意もなかった。これははっきり覚えている。しかし、だんだん大きくなるにしたがって、不当な扱いを受けたり疑われたりしているうちに敵意をいだくようになり、憎しみや小心、嫉妬などを知るようになったのだ。幸いわたしはそんなにひどい扱いを受けずにすんだので、そう悪くならずにすんだ。わたしの中にある悪はすべて、外の悪に接した結果であり、いわばそれに対応して生まれたものだ。生まれたときからあったわけではない。これは確かだ。

人間の本性は善であるとするもうひとつの根拠はこうだ。明らかに、わたしは他人と較べて、より善い人間だとは言えそうにない。もちろんときには他人より善いことをするが、その逆のこともある。全体としてはどんぐりの背くらべ、といったところか。生まれたときから善人と悪人をはっきり区別できるほど、人間の本性がきわだってまちまちであるはずがない。ということは、わたしが本質的に善人なのだから、ほかの人も本質的には善人、ということになる。

後記

あるとき友だちに、「人間の本性は善だ」と言うと、友だちはむっとして「まさか。そんなこと信じる人がいるものか、君自身の本性を見るがいい、いかに君の考えがばかげているかわかるだろう」と言った。わたしはかれに言われたとおり自分の本性をじっくり考えてみた。その結果が本章である。

19 どうでも結構

一、わたしの倫理大系

風がどう吹こうと
世界がどうなろうと
いっこうにさしつかえない

（無名タオイスト）

二、どうでも結構

道徳家《モラリスト》——いま君の詩をよんだところだ。

風がどう吹こうと
世界がどうなろうと

結構だ

タオイスト——最後の一行がちょっとちがうが、君の案も悪くないな。いやこちらのほうがいいかもしれない。

道徳家——どちらでもかまわんが、いずれにしてもガキっぽくて、無責任で非論理的で背徳的なけしからん詩だ。

タオイスト——結構。

道徳家——まじめな話、その「なるがまま」の哲学はいただけない。

タオイスト——「なるがまま」的だとは思わないが。

道徳家——いやそうだ。表面的にはつぎの句に似ている。*01

なにもせずに静座していても
春は来て、草は大きくなる

タオイスト——それは大好きな句だ。

道徳家——そうだろうと思った。その内容に文句があるのじゃない。草が育つあいだ静座しているの

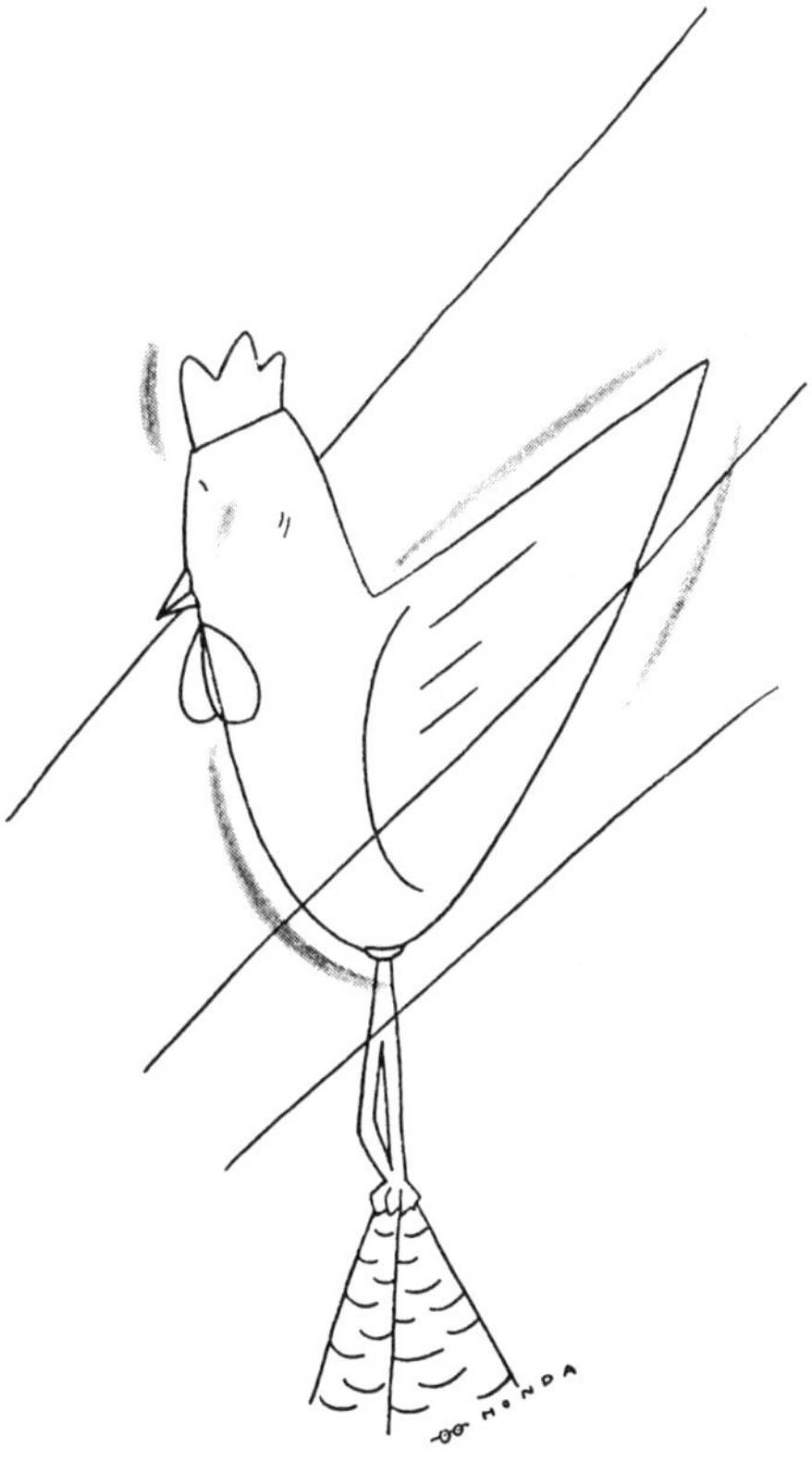
HONDA

も悪くない。草が育つことも価値あることだ。ただ、世界が破滅に向かっているというのにだまって座っているのだとしたら許せない。

タオイスト――世界が滅びようとしているときでも静かに座っているべきだなんてだれも言ってない。だいたい、静座することを勧めたおぼえもない。わたしの詩には、これといった主張はないのだ。

道徳家――君は現状に不満をいだいてない。世の中が苦しみと不正に満ちているときに、悠然と座って風の吹くがままにまかせるなんてわたしにはできない。君が賛成しようとしまいと、わたしは社会に出ていって苦しみや不正をなくすために行動を起こすつもりだ。

タオイスト――わたしが賛成しようとしまいと、だって？　たったいま――

風がどう吹こうと
世界がどうなろうと
結構だ

と言ったではないか。君が世の中を改革したいならそれも結構。

道徳家――そりゃあ、わたしが苦労する分には、君はいっこうにかまわないでしょうよ。でも君はどうなのか。君はその苦労をする気はないのか。

タオイスト――わたしが世の中に出ていって改革をするのも結構。

道徳家――しかし現実が結構だと思うなら、変える理由はないでしょう。

タオイスト――なぜ?

道徳家――なぜって、決まっているじゃないか。現状に満足していれば変革の必要は感じないはずだ。現状に不満足ならば変えようと思う。そのどちらかだ。どちらでもいいなんてことはありえない。行動によって現状に満足しているか否かがわかるのだ。

タオイスト――わたしはそうは考えないね。わたしはむしろ活動的だし、いつもなにかに首をつっこんでいるほうだ。しかし、なにが起ころうと不足はないとも思う。自分が試みに失敗したら、成功するまでさらに努力しつづける。それでも、一生達成できないことだってあるだろう。それはそれでいい。

道徳家――君が医者だとしよう。一生懸命患者の命を救おうとしているとき、「できるかぎりのことはしているが、たとえ死んでも不足はない」と自分に言いきかせるか。

タオイスト――とんでもない。それは場ちがいというものだ。

道徳家――ほらごらん。一方ではなにが起こってもいいと言いながら、他方で好ましくないこともあるという。明らかに矛盾だ。

タオイスト――いいかげんにしてほしいな。君ほどの大論理家がわたしごときの矛盾を指摘して喜ぶなんて。矛盾と言ったって、一般論を肯定してひとつの具体例を否定した、ただそれだけのことじゃないか。

道徳家――どう言訳するつもりなんだい。

タオイスト――冗談じゃない、まったく……。それでは例の詩をこう変えれば満足するというのかね。不都合なことをEとして――

風がどう吹こうと
世界がどうなろうと
結構だ
ただしEをのぞけば

道徳家――それでもだめだ。不都合なことがあるたびに、詩を書きかえなければならないではないか。

タオイスト――いやそんなことはない。Eを「変数」として、すべての不都合なことを代表させればいいのだから。

道徳家――ちゃかすな。

タオイスト――君のように杓子定規に言われるとちゃかしたくもなるさ。

道徳家――単純な矛盾に反論することがなぜ杓子定規なのかね。なにが起ころうと結構と言いながら、一方では結構でないこともあるなんてよく言えるもんだ。

タオイスト——なにが起ころうと結構だなんて言ってない。おのおののことそのものが結構だとは言っていない。「世界がどうなろうと結構だ」と言ったのだ。世界全体をひとつの単位として見ているのだから。全体として世界に満足しているとしても、ほかと切り離した各部分が好きだということには必ずしもならない。

道徳家——ひょっとすると君を誤解していたのかもしれない。君が言わんとしているのはこういうことではないか。つまり「神の御旨を受け入れる」もしくは「わたしの意志でなく、神の御旨が行なわれんことを」ということ?

タオイスト——そういうふうに神学的な言葉に置きかえることで気がすむならどうぞご自由に。わたし自身はそんな言い方はしないが案外、的を射ているかもしれない。どちらかといえば、前者のほうがわたしの言いたいことに近い。

道徳家——どうちがうのかね。

タオイスト——少なくとも心理的にはかなりちがう。若いころこんなことがあった。シカゴで神学セミナーに参加したときのことだ。ある日夜の礼拝にさそわれて出席することにした。さて祈りの段になって困惑した。「わたしの意志でなく、神の御旨が行なわれんことを」と言うのだが、どうも偽善的な気持がする。わたしの意志を無視して神が自らの意志を通すなんて、けっして心から望んでいなかったからだ。神がわたしを永遠の苦しい罰に処するとしたら、神のその行為を心から「ごもっとも」と認めることができようか。永遠の苦しい罰に処せられるのが他人であってもそんなことを認めるわけにいかない。たとえ悪魔でも。

キリスト教の神がほんとうに存在するなら、わたしごとき無防備な弱者が神の行為を認めるとか認めないとか言っても始まらない。わたしがなんと言おうと神は自分の思いどおりになさるだろう。「わたしの意志でなく神の御旨云々」という言葉を聞いて釈然としないのはそのためだ。しかし「神の意志を受け入れる」は別だ。受け入れることと望むことはちがう。こちらのほうがわたしの考えに近いが、それでもまだどこかちがう。

道徳家――どうも君の言いたいことの意味がつかめない。

タオイスト――意味にこだわりすぎるからいけないのだ。問題の詩にしても、どうしてそのまま受けとめて「いい詩だ」とか「へたな詩だ」とか言えないのかね。

道徳家――意味がないわけがないからだ。君は、なりゆきまかせを主張しているのではないと言うが、かといって行動主義を主張しているとは言えないだろう。結局、あるがままの世界を認めることを主張しているのではないか。

タオイスト――わたしはなにも主張していない。

道徳家――しかし君の考えは社会に臨む姿勢、そしてそこでの行動に影響する。

タオイスト――姿勢に影響しても行動には反映しない。

道徳家――君はずっと前から社会に対してそのような態度で臨んできたのか。

タオイスト――そうではない。

道徳家――いまのような姿勢で社会に臨むようになってから、君はより行動的になったか。それともその逆か。

タオイスト――どちらでもない。外から見たかぎりわたしの行動に変化はない。

道徳家――しかしあの詩には、なんらかの倫理的なメッセージがあるだろう。だいたい「わたしの倫理大系」などという大それた題をつけているではないか。じっさいきいてみると大系とはほど遠いが。

タオイスト――(笑いながら)なんてことはない。まじめくさった道徳家をからかってやろうと思って仰々しい題をつけたまでだ。でも、われながらその仰々しさに感心している。「倫理大系」なんて題をみると、読者は「善」の本質はなにかとか、どのように生きるべきかなど、重々しい内容を期待する。ところがあけてびっくり、あるのは短いつまらない詩がたった一篇。さぞがっかりするだろう。といって、この詩にまじめなメッセージがひそんでいないわけでもない。ただしそれは無意識のレベルではたらくものだ。

道徳家――でも、そのメッセージがなんであるかは教えてくれない。

タオイスト――笑い話と同じで、おかしさを説明してしまっては終わりだから。

道徳家――そのメッセージは人びとの行動とあまり関係がないと言う。

タオイスト――そうだ。

道徳家――姿勢の問題だと。

タオイスト――そのとおり。

道徳家――では君の詩にはどんな姿勢を期待しているのか。せめてヒントでもくれないか。

タオイスト――そのメッセージを理解することによって、行動の方向性がますますはっきりしなくなるか効果的でなくなることはないだろう。その逆が望ましいくらいだ。要は、それによって行動を行なうときの不安や恐れがやわらぐことだ。

道徳家――ほらごらん。大事なメッセージがあるではないか。ならば君のためにも、みんなのためにも、もっとはっきり述べたらどうなんだ。

タオイスト――これ以上、明白に言えない……。

風がどう吹こうと
世界がどうなろうと
わたしには同じことだ

後記

本章を書いた数日後に嵐があり、強風でベランダの網戸が吹き飛ばされてしまった。翌朝、風による被害を見て、妻がこう言った。

「これでも、あなたは風がどう吹こうと結構と言えるの?」

20 人助けはだれのため

ここに、奉仕精神から慈善運動や社会運動、政治運動に熱心にたずさわっている四人の人がいたとしよう。四人は奉仕活動に参加した動機についてつぎのように語る。最初の人は、「隣人を助けることが務めであり道徳的責任だから奉仕するのだ」と言う。二人目は「道徳的責任なんてどうでもいい。他人が抑圧されているのをだまって見ていられないだけだ」と言う。三人目は「わたしも務めとか責任とかあまり考えたことはない。ただ、助けを必要とする人を見ているとかわいそうでじっとしていられないのだ」と言う。四人目は「なぜ人を助けるのか、正直言ってわたしにもわからない。そういう性分なのだろう」と言う。

この中でわたしがいちばん好きなのは四人目の動機だ。かれはタオイスティックだ。禅的と言ってもいい。タオと調和した真の賢人または聖人だ。行動がまったく自然で意識的でない。もし神が存在するならこういう人こそ最初に天国に入れてあげてほしいものだ。三人目もこれに近い。この人は「道徳的」というより情け深いのだ。その意味で仏教的と言えるだろう。ただし、多少自意識過剰のきらいがある。

最初の二人を較べてみよう。両者とも自我が強いが、なんというちがいだろう！　二人目は少々粗っぽいがユーモアがあり、人を魅きつけるものをもっている。ハンフリー・ボガートが扮するような「タフだが心やさしい男」のタイプだ。情け深いのだがそれを見せるのがてれくさくて、センチメンタルだと思われるのがひどくいやなのだ。わたしが神さまだったらもちろんこの人も天国に入れてあげる。

それに較べて、最初の人は救いがたい。こんなことを言うと、ピューリタン的な伝統の中で育った人は気分を害するかもしれないがやむをえない。この種の人間は自我が強く見栄っ張りで、人に厳しく、いばっていて情けに欠ける。こういう連中は杓子定規な行動しかしない。こんな人は助けないほうがましのことさえある。わたしが神さまだったらすぐには天国に入れてやらない。まず地球に戻して数年間鍛えなおす。

動機を重視しすぎていないか、結局同じことではないか、とプラグマチックな読者は反論するかもしれない。助ける動機や理由より、どれだけ助けになったかのほうが大事ではないかと。わたしはそう思わない。行動が役に立っても、それにたずさわるときの精神がよくなければ長い目で見ると助けないのとかわらない。わたしがこう信じるのは中国に伝わるある格言の影響かもしれない。

まちがった人間が正しいことをしても結果は往々にして悪い

21 タオイズムとモラル

道徳家《モラリスト》——なげかわしいことに世の中は悪くなる一方だ。客観的な道徳基準が消えつつある。近ごろの人は客観的に正しいという判断をしなくなった。わたしにとって正しいとか、かれにとって正しいとか言う。道徳的な判断も究極的にはまったく主観的な好き嫌いにすぎないというのだ。しかし客観的な道徳基準が消えてしまったら文明は滅びてしまう。

タオイスト——それならわたしは話し相手としてぴったりだ。わたしも客観的な道徳基準を重んじる。

道徳家——それは頼もしいかぎりだ。道徳意識に欠ける時代に君のような人に出会うとじつにほっとする。ところで倫理についてどう思うか。倫理は公理になりうるだろうか。

タオイスト——（きょとんとして）君の言うことがよくわからないが……。

道徳家——つまり、いくつかの公理のもとにすべての倫理を集約できるものだろうか。それとも無数の公理的な規範が必要なのか。

タオイスト——もちろん無数の規範なんかいらない。少しでいい。つきつめて言えばひとつあればじゅうぶんだ。倫理はすべて、ひとつの規範で言い尽くせる。

道徳家——（身をのりだして）まるで黄金律だな。で、その唯一の規範とは？
タオイスト——黄金律なんかじゃない。わたしの言う規範はもっと根本的だ。それは「だれでも自分のしたいようにする権利がある」ということだ。
道徳家——（あっけにとられてしばらく沈黙したのち）これはペテンだ！　人を信頼させておいて、なんて恐ろしいことを言うのだ。お互い道徳家だと思って喜んでいたら、道徳意識に欠けるどころか、道徳に真っ向から反することをぬけぬけと言う。失礼ながら、わたしはまだショックから立ち直れない。
タオイスト——なにも反道徳的な感情を言い表したつもりはないが。
道徳家——反道徳的も反道徳的だ。もしみんながしたいようにしたら無政府状態に陥ってしまうにちがいない。
タオイスト——そんなことはない。法律を欲するなら、人びとにはそれを制定する権利がある。そして罪人にはそれを破る権利があり、警察には法を破った罪人を逮捕する権利があり、裁判官には罪人を刑務所に送る権利がある……。
道徳家——ちょっと待て。君はわたしを詭弁で煙に巻こうとしている。もし罪人に法律を破る権利があるなら（もちろんそんな権利はないのだが）警察にはかれを逮捕する権利はないはずだ。
タオイスト——なぜ？
道徳家——ある人にあることをする権利があるなら、当然ほかの人にはそれを止めたりそれを罰する権利はないはずだ。

タオイスト——それはおかしい。みんな、したいようにする権利がある。

道徳家——そんな権利なんて聞いたことがない。権利をどう解釈しようと、ある人にあることをする権利があるときに、他人にそれを止める権利があるわけがない。

タオイスト——わたしの権利の解釈からすればありうる。ふたりの人間のしたいことが相反するのは、当然と言えば当然だ。

道徳家——君は矛盾している。だれもがしたいようにする権利があると言えるような、そんないいかげんな権利の解釈は絶対ありえない。

タオイスト——たしかに君の解釈にしたがえば、みんなしたいようにする権利があるとは言えないだろう。しかしそれは権利の一解釈にすぎない。

道徳家——君のような解釈はありえないのだ。

タオイスト——いやありうる。

道徳家——ありえない。

タオイスト——賭けるか。

道徳家——喜んで。

タオイスト——残念ながら君の負けだ。権利とはしたいことをすることである、と定義すればいい。そうすれば当然、人間はだれでもしたいことをする権利があることになる。

道徳家――なんと安っぽい屁理屈！　くだらない言葉の遊びだ。現実と無関係な、抽象的な理屈を並べたてたてなにになる。そう、この議論のために君が特別に誂えた権利の解釈によれば君は正しい。しかしそんな無茶な解釈をいったいだれが認めるか。

タオイスト――権利をどう解釈しようと「みんながしたいようにする権利がある」ことはありえないと君が言うから、わたしはそういう解釈もありうることを示したのだ。一般に認められるような解釈ではないかもしれないが解釈は解釈だ。

道徳家――言葉の遊びとはまさにこのことだ。認められっこないような解釈をなぜあえてもちだすのか。

タオイスト――ある重要な点を示唆したいからだ。君は最初、客観的な道徳基準がなくなったと嘆いていたが、君が求めているのは客観性だけではない。「正しい」とか「まちがっている」という言葉にはさまざまな、しかも明白な定義が可能だ。しかし君がどの定義をとるかは主観によるところが大きい。

道徳家――それがどうした。

タオイスト――道徳が主観的にとらえられていると批判する君自身、客観性に欠けているということを言いたかったのだ。主観的な道徳家はたしかに主観的だが、少なくともかれらはそれをすなおに認めている。いわゆる客観的な道徳家の悪いところは、じつは主観的なのにそれを自覚していないことだ。

自らの主観性を客観性で擬装している。

道徳家——では神を信じている客観的道徳家はどうか。かれらは神の意志にそうものを善としている。そこに主観性はないだろう。

タオイスト——あるとも。抽象的には客観的に見えるかもしれない。問題は宗教の選択にある。言い換えれば、どのような神を信じるかはまったく主観的な態度によって決まるということだ。「こうすべきだ、ああすべきだ。神さまがそう欲している」と言うとき、客観性を装ってはいるがじつは純粋に主観的なのだ。言っておくが、わたしは主観性を批判しているのではない。主観性をすなおに自覚した主観性はいっこうにかまわない。

道徳家——君の理屈からすれば、わたしが主観性を偽りの客観性で隠蔽したいのであればそうする権利がある。

タオイスト——お粗末な背理法の論法をもちだしたものだな。でも、かえって説明しやすくなった。もちろん君にはその権利があるとも。でも君はそれをほんとうに望んでいるのだろうか。君が正直さを重んじていることはよく知っている。だから意識して主観性を客観性の仮面の下に隠しているとは思えない。要するに、主観的であることに気づいていないのだ。気づいていたら君の性分として偽りつづけることはできないと思うからこそ、あえて言うのだ。君は人間の欲望が根本的に悪いと信じている。そこがわたしといちばんちがう点だ。

道徳家――それにしても、人間だれしもなんでもしたいことをする権利があるという意見はいただけない。この「なんでも」がとくに気にかかる。これは正直言って、道徳をまったくないがしろにするのに等しい。

タオイスト――論理的には等しいかもしれないが心理的にはけっして等しくない。道徳をないがしろにすることに驚かない人でも「人はだれしもしたいようにする権利がある」という言葉にはショックを受けるにちがいない。道徳意識をもたない人は昔からいるからめずらしくもない。したがって道徳意識に欠ける人が道徳の客観的現実性を否定しても道徳家は冷静に反論できる。しかし、世の中に正と不正があることを認めながら、だれしも好きなことをする権利があるなどと言おうものならまるで変態扱いだ。

道徳家――まさにそうだ。それを知っていてなぜあえて言うのか。

タオイスト――君にショックを与えたくないがために、真理、あるいはわたしが真理と信じることを口にしないとしたら君だって納得がいかないだろう。

道徳家――しかしそんな危険な言葉をほんとうに君は信じているのかね。許せないような行為の正当化に利用されると思わないか。

タオイスト――まったくありえないとは言えないが、君のように恐れてはいない。繰り返しになるが、わたしは君とちがって、人間は本質的に善だと信じている。だから人間各自したいことをしてもひどい結果になるとは思わない。「神を愛し、汝の意志にそってふるまいなさい」という有名な格言があるが、わたしの言っていることとそうちがわないはずだ。

道徳家――おめでたい人だとしか言いようがない。人間の本能を善とみなすなんて希望的観測だ。現実を知っていれば、人間の自然のままの原始的衝動は理性と道徳で抑えないかぎりひじょうに危険であることは自明だ。イドだけの人間は自分自身だけでなく社会にも害を及ぼす。イドが社会に適合するには自我と超自我で規制しなければならない。

タオイスト――どこかで聞いたような理屈だな……。

道徳家――独創的な考えだとは思っちゃいない。この際、独創性は問題ではない。大切なのは真理だ。

タオイスト――そうだ。そしてわたしからみれば、君の理屈はまさに真実性に欠ける。

道徳家――それは君の独断だ。

タオイスト――もちろん独断だ。しかし君以上にそうだとは言えまい。

道徳家――こんなくだらない議論をつづけてもしかたがない。ところでどうしてわたしの見方がまちがっているとわかるのかね。

タオイスト――わかるとは言っていない。これは人の意見が分かれるところだろう。ただ、わたしは経験から君の見方はおかしいと直観的に感じるのだ。君の思いえがくイドはまるで原始のままの凶暴な野獣で、超自我はそれに打ち勝つ英雄だ。フロイト風に言えば（こんな言い方はわたしはめったにしない）イドれはその逆で、やさしく愛すべき性質をもっている。ところが超自我にがんじがらめにされ苦しめられたために、その反動として敵愾心をいだくようになり、ときには暴力をふるうこともある。すると超自我はそらごらんという顔でこう言う。「イドの本性はこのように狂暴なのだ。わたしがイドを監禁するのも当然だろう。もし抑えていなかったら、どんなことになるかわかったもんじゃない……。」これは飼い犬を信用していないためにいつも犬を鎖でつないでおくようなものだ。鎖でつないでおくことが犬を狂暴にさせているのに「ほら、こんなに狂暴だから鎖をつけておかなければならないのだ」とすましで言う。

道徳家――イドと超自我については話したが、では自我はどうなのか。

タオイスト――それは人それぞれだ。君の自我はとうぜん超自我の味方だが、わたしの自我はイドの味方だ。

道徳家――どうしてわれわれ道徳家を目の敵にするんだ。なにが気にくわないのだ。主観的なのに客観的ぶっているということか。

タオイスト――それだけではない。ジョージ・バークリーが哲学者を評して「自分でほこりを立てておいて、見えない見えないと文句を言う」と言っている。わたしが道徳家を批判するのはこれに似ているが、もっと手厳しい。もともとこの議論は、世の中がますます不道徳になるという君の愚痴で始まった。だいたい道徳家というものは世の中のいわゆる不道徳さをつねに嘆いている。しかし、まじめな話、そのおもな原因は道徳家自身にあるのではないだろうか。道徳を説いているにもかかわらず、(またはそれ故に)道徳家は人びとの不品行にもっとも寄与している。自分が嘆く状況を自らつくりだしているのだ。

道徳家――こんなに不当な非難はない!

タオイスト――悪いが正直に言わざるをえない。医学にも似た状況が見られる。ある専門家によれば、健康の第一の敵はガンで、つぎはやぶ医者だという。事実かどうかは判断しかねるが本当だとしてもわたしは驚かない。また、一九世紀の医術が殺したり悪化させた患者の数は救った患者の数より多いとどこかで耳にしたことがある。ありうることだ。同じように、経済学者が経済問題を引き起こしているとも言えなくはないだろう。心理学者のところへ子どものことで相談に行く親が、子どもの非行やノイローゼの要因が自分たちにあることを知らされて愕然とすることが少なくない。心理学自体、同様な批判をまぬがれえない。心理学がじっさいに一部の人びとを救ってきたことは確かだが、われわれの文明において増えつつあるノイローゼの張本人が心理学であると言う意見にも一理ある。「ほこりを立てておいて見えないと嘆く」のは、なにも哲学者や医者にかぎらない。道徳家にもこのような批判があてはまる。

道徳家――アナロジーばかりを言っていないで、われわれ道徳家がどのように世の中の道徳問題をひき起こしているのか、具体的に説明したらどうだ。

タオイスト――超自我がイドを犬のように鎖でつなぐためにイドが狂暴になっているにもかかわらず、イドがもともと狂暴だったから鎖でつないだのだと主張する話を前にした。フロイト的でない言い方をすればこうなる。道徳的であることと、「思いやり」のあることとはぜんぜんちがう。これを認めるのが肝心だ。「思いやり」という言葉が鍵だ。君たちは道徳を押しつけようとする。わたしは「思いやり」に代表される人間性を奨励する。わたしは道徳的でかつ思いやりのある人にお目にかかったことがない。経験から言うと両者はむしろ反比例する関係だ。ほんとうにやさしく思いやりのある道徳家がいないのはあたりまえなのだ。なぜなら道徳と思いやりは心構えからして相反するのだから。

道徳家――君の言う「思いやり」の意味がよくわからないし、さらにそれがなぜ道徳と対立するのか理解に苦しむ。

タオイスト――思いやりのある人は親切で同情的で情け深い。そうあるべきだと思うからそうなのではない。自然にそうなのだ。隣人に親切にするのはそれが正しいことだからでなく、そうしたいからだ。その行動は同情と共感――つまり思いやり――から来る。思いやりのある人間に道徳は無用だ。はじめからそうしたいのだからそうしろと説教する理由がない。

道徳家――やっとわかったぞ。君が言っているのは聖人のことだ。もちろん聖人の世界では道徳家は無用だ。みんなが健康なところに医者はいらないのと同じように。しかし残念ながら現実の世界では聖人はめったにいるものではない。もしみんなが君の言う「思いやり」をもっているのなら結構だ。しかし人間は本来、そんなに思いやりはないし隣人を愛してもいない。機会があれば利己的な目的のために隣人を利用しても平気だ。それを抑えるのがわれわれ道徳家の役割だ。

タオイスト――「抑える」とはよく言ったものだ。それでうまく抑えられるのか。

道徳家――必ずしも抑えられないができるだけのことはしている。伝染病を撲滅しきっていないからといって、伝染病と必死に闘っている医者を批判したりしないだろう。われわれは神さまではないのだから努力が実を結ぶ保証はない。できることはせいぜい、もっと思いやりをもつよう説くことだ。人間には自由意志があるし、強制することはできない。

タオイスト――しかしそう説教しながら、じつは人をさらに思いやりのない人間にしてしまっていることに気づいていない。

道徳家――ひどいことを言う！　もっと思いやりをもちなさい、とはっきり言っているというのに。

タオイスト――まさにそれが問題なのだ。思いやりをもてと言えば思いやりをもつようになるとでも思っているのか。わたしはむしろ逆効果だと思うが。まるで愛を強いるようなものだ。愛は美しい花と同じで、無理に押しつけようとすると枯れてしまう。君たちは強制しては育たないものを強制している。それを批判しているのだ。問題の種を自分たちで蒔いている、というのはそういうことだ。

道徳家――ちっともわかっちゃいないんだな。わたしは、人びとに互いに愛せよと命令しているわけではけっしてない。人びとが愛し合っていて道徳が不用ならこんなにすばらしいことはない。しかし現実はちがう。だから道徳家が不可欠なのだ。それでも、隣人を愛せとは命じない。どだい不可能なのだから。そのかわりにこう求める。つまり、隣人をそれほど愛していないかもしれないが、せめて隣人を正当に扱う務めがあると。わたしはリアリストなのだ。

タオイスト——なにがリアリストなものか。正当に扱うことにしても、公平さにしても、誠実さも義務も、愛と同じで、要求して得られるものではない。

イエスにしたところで、この点の重大さをじゅうぶんに悟っていた。売春婦や罪を犯した人びとに対して、イエスは「恥を知れ、おまえらは軽蔑すべき輩だ。そんなおまえたちを愛し認めるわけにはいかない。わたしの愛が欲しければ、わたしに受け入れられたければ、まず変わることだ」とは言わなかった。イエスはむしろこう言った。「わたしはおまえたちを愛しよく理解している。なぜ罪を犯すのかよくわかっている。そういうおまえたちをわたしは愛するし受け入れる。愛しているからこそ、そしておまえたち自身のために、罪を犯すことをやめてほしい。なぜなら罪を犯すことがおまえたちを不幸にしているのだから。」

道徳家——イエスについて君にどうこう解説される筋合はない。いくらなんでもイエスが「人はみな、したいことをする権利がある」などと言うはずがない。

タオイスト——言うとは思っていない。が、「人はみな、したいことをする権利がある」と言うときの私の気持には、イエスが罪人に対して示した態度と相通ずるものがある。真の思いやりとは相反する別の面が道徳にはある。それを罵倒しようとしたのだ。

道徳家――どうして道徳が思いやりと相反するのか。思いやりをこそ説いているというのに。

タオイスト――また議論の蒸し返しだ。要するに、思いやりは説教できるものではないということだ。説教は思いやりを殺してしまう。まだわたしの言うことを理解していないようだね。

では今度はキリスト教の文献から引用してみよう。ワルドー・ビーチ(Beach)とH・リチャード・ニーバー(Niebuhr)の共著になる『キリスト教倫理学』という本の中に聖パウロに関するつぎのすばらしい一節がある。[*01]

パウロの法に関する考えは「よい木にはよい果物が実るのであり、どんな外からのはたらきかけも悪人を善人にすることはできない」というイエスの考えをさらに発展させたものだ。「こうすべきだ」「こうすべきでない」といった義務的な道徳の掟は外面的であるかぎり、人間を根底からよくし、その動機を変えることはありえない。相対的なのは掟の内容ではなく、掟の強制力である。そしてその強制力は人間の中に掟に逆らいたい欲望があることを前提としている。そのうえ、掟は命じたり禁止したりすることによって人間の自己意志を挑発し、掟を破ることを誘惑しているのだ。強制されるとおとなも子どもも、それにどこまで逆らえるか試してみたくなるものだ。繰り返し言うが、強制的な掟をもってイエス・キリストに見られるような、強いられたものでない、生まれながらの情け深さを生み出すことはできない。そのような情け深さは意識した美徳よりどんなに魅力的で実り多いことか。

道徳家――そう、まさにひとつの傾向にすぎない。そこから教義全体をとらえようとすれば誤解を招く。

わたしの倫理哲学はこの一節にみごとに表されている。ただあきれることに、この傾向はキリスト教の中では異端とされている。

タオイスト――残念ながら、そうだ。

道徳家――残念ながら、とはどういうことだ。

タオイスト――もしキリスト教全般にもっとこの傾向があったら、わたしはもっとキリスト教を受け入れる気になっただろうと思うと残念なのだ。たとえ互いに相反することを主張していても、どんな宗教をも、ともに受け入れることができたらと思わずにいられない。どの宗教にもいろいろな傾向がある。よい傾向もあれば悪いのもあり、よくも悪くもないのもある。わたしにできることはせいぜい、それぞれの宗教からもっともすぐれた部分を選び出して合成することだ。さきほど引用した聖パウロに関する一節は、キリスト教のわたしの好きな一面を表している。

道徳家――君は自分の目的にあう部分だけ取り出すのがお得意のようだ。そうやって同じまちがいを繰り返している。強制的な掟からはイエス・キリストにみられるような情け深さは生まれないと言ったが、イエスは例外だ。君もわたしもイエスとはちがう。人間の本性はいい部分もあれば邪悪な部分もある。イエスの自然な徳のほうが、意識した徳より魅力的で実り多いのは当然だ。しかしわれわれ人間はイエスとちがって努力によってそれを身につけるしかない。意識的な徳より自然発生的な徳のほうがいいのはあたりまえだが、徳がないよりは意識的であっても徳があるほうがまだましだ。そして人間は意識的にしか徳を身につけることができない。

ところでカントは「善良な意志」と「聖なる意志」を区別している。善良な意志をもつ人は務めとか美徳とかをそれとして大いに認めている。ではかれらに卑しいあさましい衝動がないかというと、必ずしもそうではない。そのような好ましくない衝動は、善良な意志をたよりに修練と自己否定によって打ち勝つことができるのだ。これは苦痛をともなうが人間はこの苦しみを克服できる。一方、「聖なる意志」をもつ人には初めから悪いことをしたい欲望がない。悪い欲望がないから克服すべきものもない。善良な意志をもつ人は隣人のものを盗みたい気持があるかもしれないが、それは悪いことだと承知しているから意志でその欲望を制する。聖なる意志をもつ人は隣人から盗みたいなんて考えもつかない。

タオイスト――わたしは後者のほうが好きだ。

道徳家——わたしだってそうさ、聖なる意志は最大の授かりものだ。しかし簡単に手に入るものではない。わたしも君も聖なる意志を授かるだけのことをしていない。聖なる意志は神やイエスや天使や聖人のものだ。生まれながらにして聖なる意志をもっている人間などめったにいない。われわれは善良な意志をもっているだけでも感謝しなければ。まず善良な意志を武器に卑しい衝動に打ち勝つことだ。そうすればいつしか報いとして聖なる意志を授かることになるかもしれない。聖なる意志はあくまでも「報い」なのだ。それを忘れてはいけない。

タオイスト——言わんとしていることはわかるが同意はできない。

道徳家——同意できないはずだ。そこに君の論理の欺瞞がある。徳はまるで自然に育つ美しい花か木のように君は思っているがそうではない。人生におけるほかの貴重なものと同じで、慎重に育まなければだめなのだ。それには犠牲と自己規制が必要だ。

タオイスト——そんなことはぜったいない。

道徳家——酷かもしれないが君がどう思おうとわたしのほうが正しい。

タオイスト——ほんとに酷だ。「酷」という言葉はわれわれの対立点をよく表している。わたしの道徳家に対する不満はまさにその厳しすぎるところにある。ほとんどの道徳家は人間的な情け深さを重んじる。その点ではわたしと一致する。しかしそれを得る手段はまるでちがう。わたしの倫理哲学はどれだけの厳しさをもってしてもやさしさを教えることはできないということに尽きる。わたしがずっと言いたかったのはこのことだ。厳しい手段でやさしさを教えようとするのは「すべての戦争を終わらせるための戦争」をするようなものだ。厳しさからは厳しさしか生まれない、厳しさがやさしさをよびこむことはない。これこそキリスト教のもっとも重要なメッセージであるとともに、タオイズムの核心とも言うべき倫理的メッセージだ。さきほど引用した聖パウロに関する一節は、つぎの老子の言葉で要約することができる。孔子の「道徳」をとがめて老子はこう言った。「美徳と義務をそのように宣伝するのをやめれば人びとは隣人愛をとりもどすだろう。」わたしの哲学はこの言葉に言い尽くされているといっても過言ではない。美徳と義務を宣伝しなくなれば隣人愛は回復するのだ。

道徳家――（しばらく黙ってから）君がそれほどタオイズムに心酔しているとは思わなかった。そこまでタオに傾いているならば、義務や自己規制、犠牲など、人生の厳格で高潔な美徳について説いても無駄だろう。わたしはまさに西洋的な道徳家であり、わたしの考えは二元論的だ。ただしその二元性は、タオイストが批判するようにわたしが勝手につくりあげたものではなく、まったく現実に即したものなのだ。人間のしたいことと人間の義務は現に対立している。無視したところでその対立が消えるわけではない。解決されぬまま残るだけだ。君には理解できないだろうが……。

もう残り時間も少ない。最後にどうしても言っておきたいのは、君の態度が変わってきていることだ。初っ端、「だれもがしたいようにする権利がある」などと無茶なことを言った。それからだんだん美徳とか思いやりとか親切さとか同情、共感、愛、といったことを強調するようになった。君の言う自然発生的な善とか、意識しない優雅な美徳といったものは非現実的だ。しかしそれを信じる動機は悪くない。しかし、これと最初の暴言とはどう両立するのか。心底、だれもがしたいことをする権利があると信じているのか。それともわたしを怒らすために言ったのか。

タオイスト——（笑いながら）一面では君を挑発したくて言ったのだが、一面では信じている。それほど君がこだわるとは思わなかった。あの言葉をコンテクストから切り離したら信じているとは言いがたいし、通常わたしが口にするようなことでもない。しかしあるコンテクストにおいては意味がある。わたしが「だれでもしたいようにする権利がある」というのは道徳的すぎる人に対してだけだ。それは道徳家がその反対側に傾きすぎているのを正すための、いわばショック療法なのだ。とくに他人に対してより自分自身に厳格すぎる道徳家に言いたい言葉だ。要するに「そう自分をいじめなさんな。そっとしておけばずっといい結果が得られるはずだ」と忠告したいのだ。つぎのように言い換えればわたしの気持がもっとよく伝わるかもしれない——したいことをする権利があると信じていれば正しいことをしたいと思うようになる。

22 神さまはタオイスト

人間——神さま、苦しむ者を哀れむ御心が少しでもおありなら、われわれ人間を自由意志から解放してください。

神——こんなすばらしい贈りものを拒絶するとはなにごとか。せっかく授けてやったのに。

人間——贈りものどころか、無理矢理押しつけられたものです。わたしは好きこのんで自由意志をもっているわけではありません。望もうと望むまいと自由意志をもたされているのです。

神——なぜ自由意志をもちたくないのか。

人間——道徳的な責任を負うことになるからです。その責任はわたしには重すぎます。

神——道徳的な責任がどうして耐えがたいのか。

人間——うまく説明できませんが、とにかく耐えがたいのです。

神——では道徳的責任はいっさい免除してあげよう。それなら自由意志はあってもいいだろうに。

人間——(しばらく考えてから)お言葉を返すようですがそれでもだめです。

神――案じたとおりだ。自由意志を放棄してしまいたいのは道徳的責任のためだけではないのだな。あとはなにが気に食わないのか。

人間――自由意志があると罪を犯してしまいそうなのです。わたしは罪を犯したくありません。

神――罪を犯したくないなら犯さなければいいではないか。

人間――そう簡単にいけば悩みもありませんよ。悪い誘惑に勝てないのです。

神――悪い誘惑に抵抗できないのならば自由意志で罪を犯しているのではないのだから、(少なくともわたしの考えでは)おまえは罪を犯したことにならない。

人間――いいえそうはいきません。もっとがんばったら避けられる気がするのです。意志は無限です。なにがなんでも罪を犯すまいと歯をくいしばっていれば犯さないですむのではないでしょうか。

神――それはおまえのほうがよく知っていよう。それで、おまえは罪を犯さないようできるかぎりのことをしているのか。

人間――じつのところわかりません。そのときはできるかぎりのことをしたつもりですけれど、あとになって思うと最善を尽くさなかったのではないかと心配になるのです。

神――要するに、おまえは罪を犯してきたのか犯さなかったのか定かでないというのだな。ぜんぜん犯していないという可能性もあるわけだ。

人間――そうです。でも犯してきたかもしれない。そう思うとぞっとするのです。

神――どうしてぞっとするのか。

人間――なぜかわかるものですか。ひとつには、死んだあと神さまが罪を犯した者に身の毛もよだつような罰を与えるという噂があるからかもしれません。

神――なんだそんなことにこだわっているのか。自由意志とか責任とか瑣末なことでごまかさずに早くそう言えばいいのに。わたしの罪を罰さないでください、とすなおに懇願すればいいものを。

人間――そんな勝手なお願いを神さまが聞いてくださると信じるほどおめでたくはありません。

神――ほう、ではどんな願いならわたしが聞いてあげると思っているのかね。こうしよう。おまえだけ特別に、どんな罪を犯そうとけっして罰しないと神として誓おう。これならいいだろう。

人間――（恐れおののいて）とんでもない、そんなことぜったいなさらないでください。

神――なぜ？　わたしの神としての約束を信用しないのか。

人間――信じますとも。でもわたしは罪を犯したくないのです。罰を恐れることとは別に、罪を犯すこと自体を憎悪しています。

神――それなら罪を犯すことに対する憎悪感もとりのぞいてあげよう。ここに魔法の薬がある。これを飲めば罪は憎くなくなり、喜々として罪を犯せるようになる。後悔もしないし、そのために罰を受けることもない。永遠に幸福でいられる。さあ飲むがいい。

人間――冗談じゃありません。

神——理不尽じゃないか。罪を憎む気持が最後の障害だと言うからそれをとりのぞいてやろうと言っているのだ。
人間——でもその薬は飲めません。
神——どうして。
人間——たしかにそれを飲めば将来は罪を憎まなくなるでしょう。でもいまは罪を憎んでいます。そのいまの憎しみゆえに飲めないのです。
神——では飲むようわたしが命じる。
人間——それはできません。
神——おまえの自由意志でそう言うのか。
人間——そうです。
神——ほほう、おまえの自由意志とやらは都合がいい。
人間——どういうことですか。
神——自由意志があったからこそ、喜々として罪を犯せるようにしてやるというそら恐ろしい提案を拒否することができたのだ。おまえが望もうと望むまいと強制的にあの薬を飲ませたらどうだろう。
人間——どうかそれだけはかんべんしてください。

神――もちろん無理に飲ますことはしないさ。しかしわかるかね。あの薬を強いるかわりに、おまえの願いどおり自由意志をとりのぞいていたらどういうことになるだろう。自由意志を失った瞬間おまえはあの薬を飲むことになるのだ。

人間――自由意志を失うとどうしてあの薬を飲むことを選ぶのでしょうか。

神――選ぶとは言っていない。ただ飲むと言っているのだ。自由意志を失ったおまえは運命にしたがって行動する。薬を飲むこともそのひとつだ。

人間――やっぱりお断りします。

神――自由をとりのぞいてくれというおまえの当初の願望と矛盾するではないか。

人間――ははあん、やっとみえてきましたよ。神さまの論理は巧妙だけどどこか変だ。もう一度たどってみましょう。

神――いいとも。

人間――まず神さまは矛盾していらっしゃる。はじめ、自由意志で罪を犯したのでなければ罪を犯したことにならないとおっしゃった。つぎに、自由意志をとりのぞき、好きなだけ罪を犯せるようになる薬をあげようとおっしゃった。しかしはじめの理屈からすれば、自由意志を失えば罪を犯すこともできなくなるではありませんか。

神――おまえは混乱している。自由意志をとりのぞく薬だとは言っていない。罪を憎む気持を失わせる薬としか言っていない。

人間――よくわかりません。

神――いいかね、おまえの自由意志をとりあげてしまうと、おまえが罪深いと思っていることをやすやすとやれるようになるということを承知で、あえておまえの自由意志をとりのぞくことにしたとしよう。厳密に言えば、自由意志でやるのではないのだから罪を犯すことにはならない。そのうえ、おまえの行動には道徳的な責任も非難も罪もいっさい課せられない。そういった行為を、いまのおまえは罪深いことだと憎んでいる。でもそのときになれば、おまえは憎しみを感じない。

人間――そうはおっしゃっても、いま感じている憎しみが神さまの申し出を受けるのを妨げているのです。

神――それならばおまえは結局、自由意志をとりあげてほしくないということになる。

人間――(しぶしぶ)そういうことでしょうかねえ。

神――では自由意志は残しておくことにしよう。それにしてもなぜ自由意志を手離す気がなくなったのか、いまひとつはっきりしない。もう一度説明しなさい。

人間――おっしゃるとおり、自由意志がなくなるといま以上に罪を犯す危険があるからです。

神――でも自由意志がなければ罪を犯したことにならないと言ったではないか。

人間――しかしいま自由意志を捨てると将来の行為が罪になってしまいます。将来罪になるのではなく、自由意志を捨てると選択したいまの罪となるのです。

神――どうしようもないな。

人間――まさに袋小路です。ひどいことに神さまはわたしを二重に縛っておしまいになった。もうなにをしてもだめです。自由意志をもちつづければ罪を犯しつづけることになるし、神さまの助けによって捨てたとしても、捨てたこと自体が罪になるのです。

神――やれやれ、おまえのためにわたしまでどうしようもない立場に置かれてしまった。自由意志を残そうが、とりのぞこうがおまえは満足しない。これでは助けようがないではないか。

人間――そうなのです。

神――そうなってしまったのはわたしのせいではないのに、おまえはわたしに怒っている。

人間――はじめからこんな苦境に立たせるからいけないのです。

神――なにをしようとおまえの意にかなわないようだな。

人間――いまはもうどうしようもありませんが、以前ならしようがありました。

神――どうすればよかったと言うのか。

人間――はじめっから自由意志などくださらなければよかったのです。一度もってしまったらもう手遅れ、なにをしてもだめです。

神――ほんとうにそうだろうか。

人間――はじめから自由意志がなければ、罪なんて犯すはずがありませんから。

神――わたしはいつだって自分の過ちから学ぶつもりだ。

人間――過ちですって！

神――どうも自分を冒瀆してるみたいだな。これはまさにパラドックスだ。一方では、わたしが過ちを犯すはずがないと一般に言われている。他方では、わたしはなにをしてもいいことになっている。したがって過ちを犯す権利もあるわけだ。問題は、わたしもまちがいうるとわたし自身が認める権利があるか否かだ。

人間――悪い冗談はよしてください。だいたい前提からしておかしいです。神さまは全知であり、それを疑ってはいけない、とわたしは教わってきました。でもあなたさまは人間ではないのですから、「疑ってはいけない」というのにあてはまらないでしょう。

神――おまえがこの問題を理性的に受けとめているのをみて安心した。それに較べて、わたしが過ちから学ぶつもりだと言ったときのさっきの驚きようはなんだ。

人間――そりゃあ驚きますよ。自己冒瀆云々に驚いたのではありません。そのようなことをおっしゃる権利があるということに驚いたのでもありません。ただ、「過ち」などと口になさったこと自体がショックなんです。なにしろ神さまが過ちを犯すなどありえないと教えられてきましたから、それなのに神さまご自身がその過ちから学ぶつもりだなんておっしゃるもんだから愕然とせざるをえません。

神――過ちを犯すかもしれないとは言っていない。万一犯したとしたら、それから学ぶつもりだと言っているのだ。万一が現実になるかどうかは別問題だ。

人間――こんなことで言い争っても始まりません。わたしに自由意志をくださったのは過ちだとはお思いになりませんか。その点をはっきりしてください。

神――まずおまえのいまの窮地を考えてみよう。おまえは罪を犯したくないのに、自由意志があるために犯してしまいそうだから自由意志はほしくないという。(このことからしてわたしには不思議だ。罪を犯すのは犯したい気持ちがあるからではないのかと思うが、それはそれとして……。)しかし他方では、いま自由意志を捨てると将来の行為に対して責任を負わなければならない、したがって最初に自由意志を授けたのがいけないと文句を言う。

人間――そのとおりです。

神――気持はよくわかる。神学者でさえそのように非難する者がいる。人間の意見も聞かないで自由意志をもたせておいて、人間に自分の行動の責任を負わせている。つまり、はじめから同意したわけでもない契約を守れと要求されているようなものだと。

人間――まさにそうなのです。

神――前にも言ったように、その気持はよくわかる。そう非難するのもそれなりに正当だ。ただしこの場合は、問題を現実的に把握していないことからきている。これからこの問題の本質をいっしょにさぐってみよう。その結果にはおまえも驚くにちがいない。しかしいますぐ明かすのはやめて、ひきつづきソクラテスの論法を用いることにしよう。

おまえははじめから自由意志を与えられたことを悲しんでいるが、ひとたび問題を正確にとらえれば悲しくなくなる。それを示すためにここに新たに宇宙を創造すると仮定してみよう。まったく新しい空間と時間の連続体である宇宙に人間が生まれる。便宜上おまえがそこに生まれ変わるとしよう。この人間に自由意志を授けるか授けないかわたしの一存で決まるとしたらどうすべきだろうか。

人間――(ほっとして)どうか自由意志だけはかんべんしてやってください。

神――よし。おまえの言うとおりにしよう。しかし自由意志をもたないおまえは、つぎつぎにひどいことをする。

人間――でも自由意志をもたないから罪にはなりません。

神――罪にはならないが、ほかの生きものに大変な苦しみをもたらす。

人間――(しばらく考えて)なんてことだ、またわたしは神さまの罠にはまってしまった。前と同じテだ。自由意志がないためにひどいことをしでかす人間をおつくりになることに賛同すれば、当人は罪を犯すことにならないがそれをわかっていて許したわたしの罪になる。

神――ではこうしたらどうか。自由意志のある人間にするか、ない人間にするか、わたしはすでに決断を下している。それを紙に書いておくがおまえには見せない。わたしの決断はおまえがなんと言おうともう変わらない。だからおまえは責任を負うことなく意見を述べていい。そこで知りたいのだが、おまえはどちらを望むかね。責任はわたしのみにあることをお忘れなく。だから正直に、なにも恐れずに答えてほしい。

人間——(しばらく考えて)自由意志を授けることを望みます。

神——これはおもしろい。だれの罪にもしないことによっておまえにとっての最後の障害をとりのぞいてやったにもかかわらず、人間に自由意志を授けることを望むと言う。なぜなんだ。

人間——罪にはならなくとも、その人間に自由意志を与えないと(少なくとも神さまの言葉を信じれば)ほかの人間を傷つけることになるからです。人間が傷つけられるのは見るに耐えられません。

神——(ほっとして)やっと気がついてくれた。

人間——なににですか。

神——罪を犯す犯さないがほんとうの問題ではないことにだ。重要なのは人間をはじめとして、いかなる生きものも傷つかないことなのだ。

人間——功利主義者のようなことをおっしゃいますね。

神——功利主義者だもの。

人間——なんですって!

神——なんですってもかんですってもない。わたしはまさに功利主義者だ。

人間——信じられません。

神——たしかにおまえの受けた宗教教育ではそうは教わらなかっただろう。功利主義というより、むしろカント哲学に近いと思っているのだろうがちがうのだ。

人間——ショックで口もきけません。

神——口がきけないというのは悪いことではない。だいたいおまえはしゃべりすぎる。それはそれとして、おまえに自由意志を与えた理由はなんだと思う?

人間——そうしてくださらなければよかったのにとは思ってきましたが、なぜそうなさったかはあまり考えたことがありません。いま思いつくのは、自由意志なしには救いも断罪も受けるに値しないというありきたりの説明だけです。つまり、自由意志がないと永遠の命を得る権利がないからでしょう。

神——それはおもしろい。ではわたしには永遠の命があるが、それに値することをわたしがしたと思うかね。

人間——神さまは別です。神さまはすでに善良で完全ですから(少なくともそう言われています)永遠の命に値することをする必要はないのです。

神——それでは人間にとって、わたしはうらやましい立場にいることになるのだな。

人間——なぜですか。

神――だってわたしは一度として苦しんだり犠牲をはらったり、悪い誘惑と闘うことなく永遠に幸福でいられるのだから。いかなる「功績」もないのにいつまでも幸せに満ちていられる。一方、哀れな人間どもは汗を流し、苦しみ、道徳をめぐってけんかしたり自分と闘ったりしなければならない。いったいなんのために？　おまえはわたしがほんとうに存在するかどうかも知らない。来世があるのかどうかも、またあったとしてもおまえとどう関係があるのかも知らない。わたしを懐柔しようとどんなにがんばろうが、わたしが懐柔される保証はない。したがって救済を受けられる保証もない。考えてもみたまえ。わたしは「救済」に匹敵するものをすでに得ている。でもそのために気の遠くなるような努力はしていない。それをうらやましいと思わないでどうする。

人間――神さまをうらやむなんて冒瀆です。

神――もっとすなおになりなさい、日曜学校の先生と話しているのでもあるまいし。冒瀆であるか冒瀆でないか、つまり、妬む権利があるかないかが問題なのではない。わたしが知りたいのはうらやましいか否かだ。

人間――そりゃもちろんうらやましいですよ。

神――よし。おまえの世界観からすればうらやんで当然だ。しかしもっとありのままに世界を把握すればうらやましいと思わなくなるだろう。おまえは、地上における人生は試験期間のようなもので、幸福に満ちた永遠の命に値するかどうか試されるために自由意志を与えられたという教えを鵜呑みにしてきた。しかし、もしわたしがよく言われるほど善良で博愛的ならば、どうしてそういうものに値する者だけではなく、すべての者に幸福と永遠の命を与えないのか。不思議に思わないかね。

人間――徳には幸福で報い、悪には苦しみで罰するのが神さまのモラルまたは正義だと教わりました。

神――おまえの受けた教育がまちがっているのだ。

人間――でも宗教の文献を見ればわかるようにこの見方が一般的です。たとえばジョナサン・エドワーズの『怒れる神の御手の中にある罪人』という本があります。この中に、神さまが燃えさかる地獄の炎の上にまるでさそりをあぶるように敵なる罪人をかざしている場面がでてきます。罪人は地獄の炎の中に落とされて当然なのですが、神さまのお情けによってかろうじてそれをまぬがれているのです。

神――誤解もはなはだしい！　幸いわたしはエドワーズ氏の抗議には接していないが、その題名からして著者の誤解のほどがうかがい知れるというものだ。第一、わたしは怒らない。第二に、わたしは罪にこだわらない。第三にわたしに敵などいない。

人間――敵がいないということは、憎む者も憎まれる者もいないということですか。

神――憎む者はいないという意味で言ったのだが、憎まれてもいない。

人間――そんなことはないでしょう。神さまが憎いとはっきり表明した人を知っています。わたしだって、神さまを憎んだことがあります。

神――ほんとうのわたしを憎んだのではなく、おまえのいだく神のイメージを憎んでいたのだろう。
人間――まちがった神さまのイメージを憎むことはかまわないけれど、あるがままの神さまを憎むことは正しくないとおっしゃるのですか。
神――そんなくだらないことを言っているのではない。正しいとか正しくないの問題ではない。わたしの真の姿を知ったら心理的にわたしを憎めないと言っているのだ。
人間――人間どもは神さまの本質をかなり誤解しているようですから、その誤解を解いてやってください。正しい道に導いてください。
神――すでにそうしている。
人間――いいえわたしが言いたいのは、われわれの感覚でとらえられるように出現して、われわれがまちがっているとはっきり言ってください、ということです。
神――わたしがおまえたちの感覚でとらえられるよう出現するとはナイーヴな考えだな。わたしはおまえたちの感覚にほかならないと言ったほうが真実に近い。
人間――(びっくりして)神さまがわたしの感覚ですって?
神――もちろん感覚だけではない。それ以上のものだ。でも、五感に感知されるものと言うよりは真実に近い。わたしは対象《オブジェクト》ではない。おまえと同じく主体《サブジェクト》だ。主体は感知されるのではなく感知するものだ。おまえの考えていることが見えないように、わたしもまた見えない。りんごは見ることができるが、おまえがりんごを目で感知しているという出来事自体は見えない。わたしは、そのりんごより、りんごの感知に近い。

人間――神さまを見ることができなかったら、存在していらっしゃるかどうかどうしてわかるのですか。

神――それはいい質問だ。おまえはどうしてわたしが存在するとわかるのか。

人間――少なくともわたしはこうして神さまと話しています。

神――わたしと話しているとどうしてわかるのか。精神分析医のところに行って「きのう神さまと話しました」と言ったらなんて言われるかな。

人間――医者にもよるでしょうが、精神分析医には無神論者が多いからおそらくひとり言を言っていたのだと言われるでしょう。

神――それは正解だ。

人間――なんですって。では神さまは存在しないとおっしゃるのですか。

神――すぐ早合点をする。おまえがひとり言を言っているからといって、わたしが存在しないことになるのかね。

人間――神さまと話しているつもりなのにじつは自分と話しているのであれば、神さまは存在しないことになるでしょう。

神――おまえは勘違いしている。わたしといま話していることと、わたしの存在は別問題だ。たとえわたしと話していなかったとしても(明らかに話しているのだが)わたしが存在しないことにはならない。

人間――それなら、わたしがひとり言を言っているならば、当然わたしは神さまとは話していない、と言えばよかったのですね。

神――それもちがう。

人間――だってひとり言にすぎないなら、神さまと話していないに決まっているではありませんか。

神――その「すぎない」が誤解のもとなのだ。おまえがひとり言を言っているからといって、わたしと話していないことにはならない。これは論証できる。

人間――ぜひ聞かせてください。

神――まず、おまえとわたしが同一であるという可能性がある。

人間――そんなの神さまに対する冒瀆です。少なくともわたしがそう主張したら。

神――たしかに冒瀆だとする宗教もある。しかし一方では、神と人間が同一であるということは自明の理であるとする宗教もあるのだ。

人間――わたしの陥った窮地から救われるには、神さまとわたしが同一であると信じるしかないの

ですか。

神――ほかの解釈もある。たとえばおまえはわたしの一部であるという見方だ。その場合、おまえはわたしの中のおまえである部分と話していることになる。その逆も可能だ。つまり、わたしがおまえの一部分であり、おまえはおまえの中のわたしである部分と話しているというわけだ。さらに、わたしとおまえは重複しているとも考えられる。おまえはその重複部分と話すことによって、自分と話していながら、なおかつわたしとも話していることになる。ひとり言を言っている、すなわちわたしとは話していない、とするにはおまえとわたしがまったく別個の存在でなくてはならない。しかしまた、たとえ別個の存在であっても、おまえがおまえ自身とわたしの両方と話していることもありえなくない。

人間――神さまはご自身が存在するとお認めになるのですね。

神――そうあわてて結論を導くな。わたしの存在はまだ問題になってもいない。いまは、おまえがひとり言を言っているからといって、わたしが存在しないということにはならないし、ましてやおまえがわたしと話していないということにはならないと言っているだけだ。

人間――わかりました。でもいちばん知りたいのは神さまが存在するかしないかです。

神――ずいぶんへんなことをきくものだ。

人間――なぜへんですか。人間は何千年も昔から、それを問いつづけてきたではありませんか。

神――質問自体はまともだが、それをわたしにきくというのがおかしい。

人間――なぜですか。

神――わたし自身の存在が疑問になっているのに、それをわたしにただすからだ。このわたしと話している体験が幻覚にすぎないのではないかと心配するおまえの気持もよくわかる。しかし存在するのかどうか疑っている当の本人に向かって、あなたは存在するのかときいて、信頼できる答が得られると思うのがおかしい。

人間――神さまが存在するのかしないのかどうしても教えてくださらないのですか。

神――べつに片意地になっているわけではないが、どう答えようとおまえは満足しないだろう。たとえ「わたしは存在しない」と答えたとしてもなにも証明されたことにならないし、「そう、わたしは存在する」と言ったところでおまえは納得しないだろう。

人間――神さまが教えてくださらないとすると、いったいだれにきけばいいのですか。

神――おまえ自身で探し求めるしかない。

人間――どうやって探し求めればいいのですか。

神――それも教えてあげられない。方法も自分でみつけるしかない。

人間――なんの手助けもしてくれないのですか。

神――そうは言ってない。教えるわけにはいかないと言ったのであって、手をかさないとは言ってない。

人間――ではどのように助けになってくださるのですか。

神――そうあせらずにわたしにまかせなさい。ただでさえ脇道にそれてしまっているのだから。自由意志を与えたのはおまえが救済に値するかどうか試すためだ、とおまえは言った。道徳家なら喜びそうな答だが、わたしはぞっとする。もう少しましな、もう少し人間的な理由があると思わないか。

人間――この話をユダヤ教正統派のラビにしたことがあります。ラビによれば、救済に値することをしたと自覚しないかぎり救済の恵みを味わうことができないのだそうです。そして救済に値するには、当然、自由意志が不可欠です。

神――最初もちだした理由よりはましだが、まだ真実からほど遠い。ユダヤ教の正統派によればわたしは自由意志のない天使たちを創造した。天使たちはわたしをはっきり見ることができる。善に導かれている天使に悪の誘惑はまったくない。また自由意志がないから選択権もない。かくべつ幸せを報いてやるに値することをしたわけではないが、天使は永遠に幸せである。もし以上のことが真実なら、わたしはなぜ天使だけつくらなかったのか。なぜ人間などつくったのか。

人間――わかるものですか。こちらがききたいですよ。

神――その前提がまちがっているからだ。第一にわたしははじめから天使であるものなどつくっていない。どんな生きものも究極的には「天使の状態」に向かって進んでいる。人間が生物学的進化の一段階であるように、天使は宇宙進化の一過程なのだ。いわゆる聖人といわゆる罪人のちがいは、前者のほうが後者よりずっと年をとっていることだ。残念ながら、悪は苦しいという宇宙の重大な真理を学びとるまでに無数のライフサイクルを繰り返さなければならない。悪が苦悩であるという根源的な真理の前では道徳など色あせてしまう。わたしは道徳家ではない、生粋の功利主義者だ。勝手にこのわたしを道徳家にでっちあげてしまったことは人類にとって不幸だ。誤解を恐れずに言えば、宇宙のこの偉大な仕組におけるわたしの役割は、罰することでも報いることでもない。すべての生きものが究極的には完全な姿へ進化していくその過程を助けることだ。

人間——誤解を恐れずに、とはどういうことですか。

神——第一に、偉大な仕組におけるわたしの役割と言ったが、この表現が問題だ。なぜなら、わたし自身が偉大な仕組なのだから。第二に生きものが啓蒙されていく過程に手を貸すという表現もおかしい。わたし自身がその過程なのだから。昔のタオイストはもっと真実に近かった。かれらはわたしをタオと呼んだ。そしてわたしがものごとを行なうのではなく、すべてのことがわたしを通じてなされるのだと言った。これをもっと現代風に言えばつぎのようになる。わたしは宇宙の流れの源というより流れそのものなのだ。人間のいまの頭で考えられる範囲で言えば神とは啓蒙の過程そのものだ、ということになろう。悪魔にこだわるなら（わたしとしてはこだわってほしくないが）、悪魔とは、「啓蒙にかかるあまりにも長い時間」と解釈できよう。こう解釈すれば悪魔は必要な存在となる。その長い啓蒙の過程は、わたしでも縮めることができない。しかしその過程を正しく把握すれば、啓蒙までの気の遠くなるような長い道のりを、どうしようもない限界とも、悪とも思わなくてすむ。それは過程そのものの本質にほかならないからだ。こう言っても、いま苦しみにあえいでいる人には救いにならないかもしれない。しかしいったん、世の中の苦しみが啓蒙への過程であると信じて生きれば、驚くべきことに、おまえたち人間の限りある苦しみの荷は少しずつ軽くなり最終的にはなくなるのだ。

人間――信じられる気がします。未来まで見とおす神さまの目をとおして世の中を見ることができればわたしもいまより幸せでしょう。しかしほかの人はどうなんですか。そのような見方ができない人びとをほっておいていいのですか。

神――(笑いながら)やれやれ、おまえは「すべての生きものが涅槃に入るまでわたしは入らない」と主張する大乗仏教徒のようだ。他人が入るのを待ってばかりいたら、いつまでたっても涅槃に入れやしない。小乗仏教徒は小乗仏教徒でやはり勘違いしている。小乗仏教の教えによれば、救済は孤独な作業で助け合うことができない。したがって各自が各自の救済のために努力するほかないという。しかしこの孤立的な態度こそ救済を妨げているのだ。なぜなら救済は個人的な過程であると同時に社会的な過程でもあるからだ。といって、いったん悟りを得た者は他人を助ける役から退くことになる、という一部の大乗仏教徒の考えもまたおかしい。他人を助けるには、まず自ら悟りを開くのが先決なのだ。

人間――神さまは過程だとおっしゃいましたが、それでは神さまは抽象的になってしまいます。人びとはもっと人格のある神さまを求めているのです。

神――人びとが人格神を求めているから、わたしは人格神であるべきだと言うのか。

人間――そうではありません。でも、人間のニーズに応えない宗教は人びとに受け入れられません。

神――たしかにそうだが、「人格《パーソナリティー》」というものはそれ自身にあるというより、それを見る者の認識に存在するものだ。わたしが人格をもっているか論争してもしようがない。ある見方をすればあるだろうし、別の見方をすればないのだから。人間だってほかの惑星の生物から見れば人格などまったくない、物理的な法則にしたがって行動する原子群にすぎないかもしれない。その場合、人間を見る目はふつうの人間がアリを見る目と同じで、個性があるなどとは思いもよらないだろう。しかしわたしのようにアリをほんとうに知っている者なら、それぞれのアリにも人間と同じように個性があることがわかる。なにごとも個人的な見方とつき離した見方があり、どちらのほうが正しいということはない。一般的に言えば、対象物をよく知れば知るほど見方は個人的《パーソナル》になる。ところでおまえにとってわたしは人格のある存在か、人格のない存在か。

人間――こうしてお話しししているのですから、当然人格をもった存在として見ていますよ。

神――その見方からすれば、おまえのわたしに対する態度は個人的《パーソナル》と言える。しかしわたしは見ようによっては人格がない。

人間――もし神さまが過程といった抽象的なものであるとすると、人格はないですね。でも過程にすぎないものと話をするなんて理にかないません。

神――おまえはなにかというと「……にすぎない」と言う。ではおまえが生きているのは宇宙にすぎないのか。それに、なぜすべて理にかなわなければならないのか。たとえば木と話すのは理にかなうか。

人間――もちろんかないません。

神――しかし木と話をする子どもや未開民族はたくさんいる。

人間――でもわたしは子どもでも未開民族でもありません。

神――残念ながらね。

人間――なぜ残念ながら、なのですか。

神――木と話せる子どもや未開民族は、おまえのような人間が失ってしまった原始的な直観をもっているからだ。たまには木と話してみるがいい。わたしなんかと話しているよりよっぽど実りがあるかもしれない。やれやれ、また脇道にそれてしまったようだ。今度こそおまえに自由意志を与えた理由を理解してほしいのだが。

人間――ずっとそのことを考えていました。

神――それではいまの話のあいだじゅう上の空だったのか。

人間——ちがいます。別のレベルで考えていたのです。

神——それで結論は得たのか。

人間——神さまは、わたしたちの価値を試すために自由意志をくださったのではないとおっしゃいました。また、なにごとも、それに値しなくては楽しむことができないということはないともおっしゃいました。さらに神さまは功利主義者だと主張なさいました。そして罪を犯すこと自体が悪いのではなく、それがひき起す苦しみが悪いのだとわたしが悟ったとき、神さまはたいそうお喜びになりました。このへんに自由意志をくださった理由の鍵があるような気がします。

神——そうだ。罪の悪はそれがもたらす苦しみ以外のなにものでもない。

人間——いままで、罪を犯すこと自体が悪であるとする道徳家の影響を受けていたようです。それはさておき、以上のことを考え合わせてみますと、神さまが自由意志を授けてくださった唯一の理由は、自由意志があったほうがお互いに傷つけ合ったり自分を傷つけたりしないからだと思われます。

神——いいぞ、これまででいちばんいい。もしわたしがおまえたちに自由意志を与えるか与えないか選択できたのであれば、まさにその理由で与えるほうを選んだろう。

人間——なんですって、選んでわれわれに自由意志をくださったのではないのですか。

神——正三角形が正三角形であるのと同じだ。正三角形をつくるかつくらないかの選択はあるが、つくることにした以上は正三角形をつくるしかないのだ。そこに選択はない。

人間――神さまはなんでもおできになるのではなかったのですか。

神――論理的に可能なことはなんでもできるさ。「神が不可能なことをできないからといって、神の力に限界があると考えるのは罪である」と聖トマスも言っている。わたしも同感だ。ただしわたしなら「罪」と言わずに「誤り」と言うが。

人間――いずれにせよ、神さまがわれわれに自由意志を与えることを選択したのではないという意味がわかりません。

神――このへんで、われわれの会話がはじめから誤った根拠にもとづいていることを指摘しなければならない。われわれはずっと、純粋に道徳的なレベルで話してきた。最初おまえは、わたしが自由意志を与えたことに不満を述べ、はじめから自由意志など与えるべきではなかったと言った。わたしに選択権がまったくないなど、おまえは考えてもみなかった。

人間――いまでも考えられません。

神――それはおまえが道徳家の目でこの問題を見ているからだ。問題のもっと基本的で形而上学的側面に目を向けようとしなかった。

人間――まだちんぷんかんぷんです。

神――自由意志をとりのぞいてくださいと頼む前に、まず実際におまえたちが自由意志をもっているのかどうかきくべきではなかったか。

人間――自明の理だと思ったのです。

神――なぜ？

人間――わかりません。ではききますがわたしは自由意志をもっているのですか。

神――もっている。

人間――それならいいじゃないですか。どうして当然のこととしてはいけないのですか。

神――真実だからといって、それを当然のことと思っていいことにはならない。

人間――いずれにしても、自由意志をもっているというわたしの直観が正しくて安心しました。ときどき、ひょっとして決定論者のほうが正しいのではないかと思えて不安になるのです。

神――かれらは正しい。

人間――ちょっと待ってください！　いったいわたしには自由意志があるのですか、ないのですか。

神――あると言ったではないか。しかしだからといって、決定論者が正しくないことにはならない。

人間――ではわたしの行動はすべて、自然の法則によって、決定づけられているのですか。

神――決定づけられるという言葉が誤解を招いている。自由意志と決定論をめぐる論争がしばしば混乱するのはそのためだ。おまえの行動は自然の法則に従っている。しかし自然の法則に決定づけられると言うと、心理的に受ける印象がちがう。つまり、人間の意志は必ずしも自然の法則と一致せず、自然の法則のほうが強力なために好むと好まざるとにかかわらず人間の行動は自然の法則に決定づけられるというイメージだ。しかし実際には、人間の意志は自然の法則と対立しえない。人間も自然の法則も同一なのだから。

人間――わたしが自然と対立することはありえないとは納得できません。意を決して断固として自然の法則に逆らったらどうします。ほんとに一徹になれば、たとえ神さまだってわたしをとめられますまい。

神――そのとおり。わたしを含め、なにものもおまえをとめることはできないだろう。しかしじつはとめる必要もないのだ。とめるもなにも、そんなことを始めることすらできないのだから。ゲーテもうまいことを言ったものだ。「自然に逆らおうとしても、その行為自体、自然の法則にかなっている。」わからんかね。自然の法則と言われるものは、おまえをはじめとする生きものが実際に行動するそのさまを示したものにほかならないのだ。自然の法則は、どう行動すべきだという指示でもなければ、行動を強いる、または決定する強制力でもない。人間の実際の行動、人間が選択して行なう行動を含まない自然の法則などありえない。

人間――どうしても自然の法則に反して行動することを決意できないのですか。

神――「行動することを選択する」と言わずに二度も「行動することを決意する」と言ったのは興味深い。このふたつは同じだと思われがちだ。つまり、「……することを決意する」と「……することを選ぶ」を同じ意味で使っている。心理的にこのふたつの表現を同一視していることは運命と選択が意外に近いことを表していないだろうか。たしかに自由意志論では、ものごとを決定するのは人間だとしている。一方、決定論は、外界が行動を決定すると主張しているようにみえる。この混乱はおもに現実を「自分」と「自分以外のもの」に分けて考えているところに由来する。宇宙の中でどこまでが「自分」で、どこから宇宙が始まるのだろうか。おまえが「自分」と思っているものといわゆる「自然」とは別ものだと考えているようだが、自分と自然をひとつの連続体としてみれば、おまえが自然を支配しているのか、それともおまえが自然に支配されているのかといった問題に頭を悩ますことはなくなる。そして自由意志と決定論の行きづまった対立も解消されよう。おおざっぱに言えば、自由意志と決定論の関係は、引力で互いに引きつけられているふたつの物体に似ている。もしこれらの物体に感覚があれば、どちらも自分が引っぱっているのか相手に引っぱられているのかはっきりわからないかもしれない。引っぱる力が双方にあるとも言えるし、どちらにもないとも言える。むしろ重大なのは双方の相対的な配置《コンフィギュレーション》ではなかろうか。

人間──さきほど、われわれの論争がそもそも大いなる誤解に根ざしているとおっしゃいましたが、その誤解とはなんですか。

神──自由意志のない人間をつくることができるという論点だ。おまえはあたかもそれが可能であるかのごとく発言し、どうしてそうしなかったのかとわたしを非難した。事実は自由意志をもたない生きものなんて、引力のない物体と同じで考えられないのだ。（ところで引力のある物体と自由意志をもつ生きものの類似点は意外に多い。）正直言って自由意志のない生きものなど想像できるかね。いったいどんな生きものだろう。おまえの誤解は、わたしがおまえに自由意志という贈りものを与えたと信じこんでいるところからくる。まるで人間をつくってから、思いつきで自由意志という特色をおまけに授けたみたいだ。わたしが絵筆のようなもので、ある生きものにだけ意志を描きこんでいるかのように思っているとしたらそれはまちがいだ。自由意志は意識のある生きものにとって「おまけ」ではない、本質だ。意識はあっても自由意志のない生きものなど、空想の産物にすぎない。

人間――それならそうとおっしゃってくだされればいいのに。ずっと道徳的な問題だと思いこんでいたのが、もっと根本的な原理にかかわる問題だったとは。

神――おまえの体から道徳という毒素を出してしまうほうが健康によいと思ったのだ。根本的な原理をめぐる困惑は誤った道徳観念によるものが多い。だからまずおまえの誤った道徳観念を治療してやろうと思ったのだ。

そろそろ別れのときが来た。これだけ話し合えばしばらくはもつだろう。また必要があれば会おう。その間、木との対話でも試みてるがいい。そんなことしらけるからいやだと言うなら文字どおり話す必要はない。しかし木や岩や川などの自然から学ぶべきことがたくさんあることを忘れないでほしい。「罪」とか「自由意志」、「道徳的責任」といった陰気な考えを吹き飛ばすには、自然に身を委ねてみることがいちばんだ。そのような陰気な考えが役に立った時代もあるにはあった。地獄の恐怖でもなければ、専制君主どもの限りない権力拡大を抑えることができなかった時代だ。しかしその後、人類は少しずつとはいえ大人になってきている。だからそのような薄気味悪い考えもいらなくなったのだ。

禅師の僧璨《そうさん》はこう言っている。

飾りのない真実を求めるならば
正、不正にこだわるな
正と不正の対立は
病んだ心の産物

おや、おまえはこの言葉にほっとすると同時に恐れを感じているようだな。いったいなにを恐れているのだ。心の中で正と不正のけじめをなくしてしまったら不正行為をやりやすくなるとでも思っているのかね。正と不正を意識することがかえって不正な行為を導くことがないだろうか。議論しているときは別にして、いざ行動するときに、まさか道徳家のほうが道徳意識のない人間より倫理的だとは思わないだろう。論理的な意味で道徳的な立場をとらない人のほうが概して品行がいいことは多くの道徳家でさえ認めていることだ。倫理的な規範がないのにかれらの品行がいいのはなぜだろうと道徳家は不思議がる。道徳的基準がないからこそ自然にいい行動が生まれるということに気づいてないからだ。「正と不正の対立は病んだ心の産物」という言葉の背後にある考えは、アダムが知恵の果実を食べたために人間がエデンの園から堕落した話の背後にある考えとそれほど変わらない。この場合知恵とは倫理的規範に関する知識だ、倫理観ではない。倫理観はアダムもすでにもっていた。失楽園の話は多くの真実を含んでいる。しかし言っておくが、わたしはアダムにりんごを食べるなと命じてはいない。アダム自身のためにもよくないから食べないほうがいいと忠告しただけだ。あのときアダムのばかが知ったかぶりをしないでわたしの忠告をきいていたら、ずいぶんたくさんの問題が回避できたのに。神学者たちはりんごを食べたアダムの行為のためにアダムとその子孫をわたしが罰していると思いこんでいるが、そうではない。じっさいはあの果実の毒がいまだに効いているのだ。

いよいよ行かなくてはならない。こうして話し合ったことで、おまえの倫理的な陰険さが少しでもとりはらわれ、もっと自然に従順な気持になってくれればうれしい。わたしが老子の口を借りて、孔子の道徳的な説教をしかったすばらしい言葉を思い出してほしい。

美徳とか義務に関するもりだくさんの話や、際限のない欠点のほじくり出しは聞く者の気力をくじき、いらいらさせるだけだ。それより、天と地がそれぞれ永遠の道をたどり、太陽と月が光を放ちつづけ、星がその配置を保ち、鳥や獣が群れをなし、木や草もまた定まったところに生息するのはなぜなのか考えてみるがいい。そして内なる力に身を委ね自然の道を歩むようになれば、いまのように必死に美徳や務めを宣伝してまわらなくてもすむようになるだろう。白鳥は毎日水浴しない。でも純白さを失わないのだ。

人間――神さまは東洋の思想がお好きなようで。

神――特別そういうわけではない。アメリカにも、わたしの考えが美しい花を咲かせている。たとえば務めに関しては、ホイットマンの言葉がもっとも雄弁にわたしの考えを表現していると思っている。

わたしはなにごとも務めとしては行なわない
他人が務めとして行なうことを
わたしは生の衝動として行なう

23 タオはこだわらない

飾りのない真実を求めるならば
正、不正にこだわるな
正と不正の対立は
病んだ心の産物

この言葉に対する人びとの反応は千差万別だ。美しい、すばらしい、深みがある、賢い、貴重な助言だと言う人もいる。また、不快だ、邪悪だ、精神病的だ、破壊的だと言う人もいる。「まるでサドが書いたような言葉だ」と言った友だちもいた。そう言われてみるとたしかにサドの言葉だと言ってもおかしくない。また老子が書いたとしても不思議ではない。しかしサドと老子では、同じ言葉を発したとしてもその意図はなんと異なることか。

「道徳を超越する」と言うとすぐ不信に思う人がいる。またその言葉に安らぎと望みを感じる人もいる。友人がうまいことを言った。「道徳は上からも下からも超越することが可能だ。老子は上から超越し、サドは下から超越した。このふたつはぜんぜんちがう。」

もしサドが「正と不正のけじめをとりはらう」と言ったら、このときばかりは道徳家の味方をしてサドを批判せざるをえない。なぜならサドは心の底ではサディスティックな行為を正しいと感じていなかったにちがいないからだ。サドはその罪悪感をやわらげるために「正、不正のけじめをとりはらってしまえ」と言うだろう。残虐と苦しみに肯定的な価値を見出しているサドが、自分の行為に干渉する道徳に反対なのは当然と言えば当然だ。一方、タオイストの考えはこうだ。道徳的な規範や原則によってこうするな、ああするなと干渉しなければ、自然の良さがおのずから生まれてくる。道徳はその良さをくじいてしまうと。タオイストが道徳に批判的なのは道徳がかえって苦しみを生んでいると信じるからだ。（この意味でタオイズムはキリスト教のパウロの教えに近い。）あるとき、たまりかねた老子は、道徳的な教えによって人類に混乱《コンフュージョン》をもたらしたとして孔子をしかった。（混乱《コンフュージョン》というより儒教《コンフューシャニズム》と言うべきか！）美徳と義務を宣伝してまわらなくなれば人びとの隣人愛も復活するだろうと。

老子が「隣人愛」と言ったのは意味深い。老子がイエスに近く、サドとはほど遠いのはこの点にある。老子とサドはまったく逆の理由で「道徳の超越」を評価するのだ。

道徳を超越するのと、道徳を拒絶する、または信じないのとではずいぶんちがう。道徳を拒絶するのは道徳に影響を受けている証拠だ。道徳にまったく束縛されない人（サドは明らかにそうではなかった）はあえて道徳を拒絶する必要もない。道徳に束縛されない者の人生は不幸だと信じている人もいるが実際はその逆だ。ここがタオイスティックな考えと、西洋の一部の人や東洋でも性悪説を主張し厳しい規制を重んじた中国の法家思想家や現実主義者たちの考えとが大きく別れるところだ。タオイストは道徳的であることはいけないと言っていない。(道徳的であってはいけないという考えはそれ自体道徳の一種といえる。)タオイストの理想は、道徳的な規範などに縛られない自立した自由な思想だ。言い換えれば、善悪の知恵の果実を人間が食べる前のエデンの園だ。この理想は「人生が充実していた時代には歴史は存在しなかった」という荘子の言葉にもっとも美しく言い表されていると思う。ところで、老子も荘子も孔子も孟子も、人間が「自然に善であった」良き時代がかつてあったことをたびたび書いている。実際にそのような時代があったかどうかは問題ではない。大事なのは過去の賛美ではなく、タオイストがどんな生き方に価値をおいているのかが示されていることである。将来このように感じる人が増えてほしいものだ——。

地上における生命が充実していたころ、りっぱな人間はとくに注目を引かなかったし能力のある人間もとくに目立たなかった。支配者は木のいちばん高い梢のようであり、人びとは森の鹿のようであった。だれも「務めを果たす」などといった意識なしに正直であり、実直であった。人間同士愛し合っていたが、それが「隣人愛」だと知らなかった。自分たちが「信頼のおける人間」であると認識することもなく、人を裏切ることはしなかった。みんなたよりになる人びとだったが、それが「誠実」であるとは知らなかった。かれらはがまんや無理をすることなく、ともに住み、すべて分かち合ったが、これが「寛大」であるとは知らなかった。それゆえにかれらについてはなにも語られていない。かれらは歴史を残さなかったのである。

第3部

タオは気楽

24 農芸について

エマーソンが「自然に親しむ」ことに熱中した一時期、自然になじもうと庭いじりを始めた。しかし半日ともたなかったという。庭いじりより書くほうが自分に向いていると自覚したのである。

こういう体験はよくある。ホーソンも「理想にかぶれ」て、ブルック農場へ行った。はじめは「健康的で簡素な」新生活に有頂天になっていたかれも、やがてその健康的で簡素な生活のために執筆のエネルギーがなくなっていくことに気づいた。やがて少しずつその生活にも飽きてきた。そんなわけで数ヵ月後、ホーソンはもとの生活に戻るのである。

わたしは農業も園芸もしたことがないし、したいとも思わない。概念としての園芸は美しく詩的で精神的で、宗教的でさえある。庭いじりの好きな人は尊敬するし、親近感を感じる。しかし自分でやるとなると話は別で、脱兎のごとく逃げだすのがおちだ。

万一、経済的にせまられて農業や園芸をしなければならない羽目になったら、なんとか好きになるよう努力するだろう。まずわたしは園芸が大好きなつもりになる。園芸がいかに「詩的で崇高」か自分に言いきかせる。そうこうしているうちにひょっとするとほんとうに好きになるかもしれない。しかしこれではまるで自己洗脳だ。大きらいな仕事をいやいややるのと、それが好きになるよう慣らされてしまうのとでは、どちらのほうがひどいだろうか。

禅と自由を比較してこう言った人がいる。自由は好きなことをすることで、禅は自分のすることを好きになることだ。じつにしゃれた比較ではないか。禅の教えからすれば、いやいやながらするより、自分のすることを好きになるまで自己訓練するほうがいいのであろう。でも、なにかひっかかるのだ。論理的にもすっきりしない。

禅は自分の行為を好きになれと言っているが、また一方ではあるがままの自分を受け入れ、別人になろうとするなとも説いている。好きでないことを無理にするのは、後者の教えに反しないだろうか。あるがままの自分を受け入れることは、したくない自分を認めることだ。きらいなことを好きになるよう自分を変えようとすることは、すなわち別人になろうとすることにほかならない。ここにわたしのジレンマがある。（この悩みはややタルムード的である。）このような二元論的な悩みを禅師に相談しようものなら、きっと一撃をくらうにちがいない。くらって当然ではあるが……。

25 愛犬家の弁

わたしは犬に目がない。愛犬家だからだ。[*01]

ジョン・バローズ（Burroughs）は犬に関する随筆の中で、犬は賢いからというよりその情愛の深いところがなんともすばらしいと言っている。バローズが思っている以上に犬は賢いと思うが、いずれにせよ情愛の深い動物であると認めているのはうれしい。こんな諺が中国にあってもいい気がする。

賢人と犬のあいだに区別はない

さて日本にはこんな俳句がある。

菴の犬送ってくれる十夜哉

一茶

この俳句についてR・H・ブリスはつぎのように言っている。[*02]

老いた犬の無意識な知恵に哀れなものが感じられる。それに較べてわれわれの生と死に関する理解はいかに浅いことか。

犬にはもうひとつ注目すべき特質がある。おそらくこれはほかの動物にもあるものだろう。それはものごとをあるがままにみるということだ。概念化によって曖昧にしてしまうようなことはない。これはまさに「悟り」の境地である。悟りを得ている生きものはなにかときかれれば、躊躇なくわが家の犬たちを推したい。その悟りたるや、まるで朝から晩までタオにひたりきっているようである。寝ているときも、ふざけているときも、うさぎを追いかけているときも、食べているときも、ほかの犬と会っているときも、人間と関わっているときも、犬たちは変わらない。森の奥深いところに連れていくと、犬たちは畏怖の念に打たれる。それは「すばらしく落着いた緊張感」である。[*03]

「犬には仏性があるか」という有名な公案がある。これに対して「無」と答えた人もいる。典型的な西欧の哲学者なら「仏性の定義しだいだ」と答えるだろう。この点でわたしは西欧の哲学者と意見を異にする。わたしだったら迷わずに、心から「もちろん犬には仏性があるとも。そんなこと、きくだけ野暮だ」と答えたであろう。

この公案をめぐっておもしろい話がある。ある僧が師に「犬には仏性がありますか」ときいたところ、師は「ある」と答えた。

僧がさらに「では師には仏性がありますか」ときくと、師は「ない」と答えた。
「仏性は万人にあると思っていましたのに」と僧が言うと、師はこう答えた。
「そうだ。でもわたしは万人ではない。」
このテーマに関連した深遠な俳句をもうひとつ紹介しよう。

秋来ぬとしらぬ狗《ゑのこ》が仏かな　　一茶

この俳句についてブリスはこう言っている。

仔犬は成熟した犬以上に、毎日を、そして瞬間瞬間を来るままに受けとめる。仔犬は前を見たりふり返ったりして自分のなれないものに思いこがれたりしない。暖かいときは陽をさんさんと浴び、雨が降れば家に入れてくれとくんくん泣く。仔犬と太陽のあいだ、雨と泣くことのあいだにはなにもない。

鈴木大拙が書いたつぎの文章は、犬に関する叙述の中できわだってすぐれていると思う。[*04]

犬がえさを食べるのを観察してみよう。おなかがすいている犬は、食い物のにおいを嗅ぐと迷わずそこに行き、たちまちたいらげてしまう。犬はなにも問わない。他人のための食べ物であろうとかまわない。空腹であれば無条件にその場でニーズを満たすのが当然と思っている。食べてしまえば犬は去っていく。感謝もなにもない。犬にすれば自然の権利を行使したにすぎない。それ以上でもそれ以下でもない。食べてしまったら自分のこともまわりのこともいっさい心配しない。かれは完全だ。知的、道徳的、または精神的な罪の意識によってあるがままの完全さがそこなわれることはない。かれは神とじかにつながっている。釈迦は「天上天下唯我独尊」と叫んだと言われているが、犬が同じことを言ったとしてもおかしくない。もっとも犬はそのような「利己的」な言葉を必要としない。エデンの園から来てまもないこの無垢な動物は、自分をいじめようとする、罪の意識に毒された人間どもから逃れて吠える。それだけでじゅうぶんなのだ。

26　管理職のためにひと言

荘子は、人間の本性に害をおよぼした儒家たちを、馬を台無しにした調教師にたとえている。

馬は霜や雪に耐えうる蹄と風や寒さから身を守る毛をもっている。草を食べ、水を飲み、尾をふりながら野を駆けめぐる——これが馬の本性である。仰々しい競技場も大きな馬舎もいらない。

ある日、「わたしは馬の扱いに長けている」と自負する著名な調教師が現れた。調教師は馬の毛を焼いてそろえ、蹄を削りとり、焼き印を押した。それから馬の首に端綱をかけ、足に足かせをつけ、それぞれの馬に馬舎の番号をつけた。これで十頭中三〜四頭が死んだ。それでも調教師は馬にえさや水をじゅうぶんに与えずに走らせ、列を組ませた。くつわを引かれる苦しみとむちで打たれる恐怖で残る馬の半分以上が死んでしまった。

陶芸家は自慢して言う。「粘土の扱いならまかせてくれ。丸くしたければコンパスを使うし、長方形にしたければ定規をあてればいい。」大工は木を自由自在に扱うことができると自慢する。「曲線が欲しければアーチを応用するし、まっすぐにしたければ線を用いる。」しかし粘土や木材の本性は、はたしてコンパスやら定規、アーチ、線とかいったものをあてがわれることを望んでいるだろうか。にもかかわらず、どんな時代にも調教師は調教の技術、陶芸家や大工は粘土や木材を加工する技術のおかげでもてはやされてきた。同じように、国務をになう者も統制の技術を評価されるが、これはまちがいである。

国の治め方に長けた人は治めるべきではない。なぜなら治める必要はないからだ。人びとは本能的に布を織って身にまとい、田を耕して自分の食べるものをつくる。すべての人間がその本能をもっている。「天国で身につけた」本能と言ってもいい。したがって自然と完全に調和していた時代の人間は静かに行動し、表情も穏やかだった。そのころは、山を越える道もなければ、水を渡る舟もなかった。すべてのものが自然に育つ地で産出された。鳥や獣はどんどん増え、木や草は繁殖した。人間は鳥や獣に手で触れることができた。木に登ってカササギの巣をのぞくこともできた。その時代の人間は鳥や獣とともに分けへだてなく棲んでいた。かれらに貴族と平民の区別など理解できるはずがない。人間も鳥も獣もみな等しく知識をもっていなかったから迷いもなかった。みな同じく欲望に欠けていたから自然に高潔だった。このような自然の高潔さの中に生きていた人びとは人間の本性を失わなかった。

この文章を親戚のヴィンセントという少年に読んであげたところ、わたし同様気に入ってくれた。数日後ヴィンセントとともに、うちの犬を獣医へ連れていったときのことである。よく晴れた春の日だった。医院の前の芝生にさしかかったところ、犬は前に獣医に行ったときのことを思い出してふるえだした。そこに連れてこられたほかの犬もふるえていた。これを見てヴィンセントは医院に目をやり、それからわたしにこう言った。「この獣医は犬の扱いが得意みたい。」

27　利己主義について

孟子が「すべてを受け入れる愛」を唱えたのに対し、初期タオイストの楊朱は「各自、自分のために」という考えを主張した。楊朱は「全人類を救うためにだって髪一本犠牲にする気はない」と言ったそうである。

これを読んでわたしはじつにうれしかった。この言葉を賞めるわたしに、ある友人は「みんな利己的に行動したほうが世界がよくなるとでも思うのか」と反論した。もちろんわたしはそう思っていない。徹底的な利己主義より普遍的な愛のほうがいい。そんなことは常識だ。ではどうして楊朱の言葉が好きなのか。矛盾しているようだがじつは矛盾ではない。その理由はこうだ。

まず、ある主張が好きなのとそれを信じるのとはちがう。楊朱の言葉が好きなのは、偽善的な利他主義が世に氾濫する中ですばらしく素直に自分の気持を表しているからだ。と言ってもわたしはそれを言葉どおり信じているわけではないし、楊朱自身信じていたとも思えない。もしだれかが「全人類を救うためだって自分の命を犠牲にする気はない」と言ったならば、その人はまじめにそう信じていると思う。しかし髪の毛一本も犠牲にする気はないというのはいかにも説得力に欠ける。髪の毛一本失くしたところで痛くも痒くもないし、なにも犠牲にしたことにならない。（「人類を救うためには、髪の毛一本なら犠牲にするが、それ以上はいやだ」と言う人がいたら滑稽ではないか。）楊朱はなぜこれほど極端なことを言ったのだろう。髪の毛を失うことを心配していたわけではあるまい。むしろこの言葉にはかれの信条がうかがえるのではないか。かれ自身それを意識していたかどうかはわからぬが。

その信条とはなにか。もし利己的であるべきだという信条だとしたら、それは利他的でなくてはいけないとする信条に劣らずばかばかしい。そうではない。楊朱はこの極端な言葉をとおして、道徳的基準をもって利己主義を非難する人を批判しているのだ。

いざ実践の段になったとして、楊朱のほうがたとえば孟子より利己的にふるまうだろうか。そんな確証はない。人間が本来もっている利他精神を発揮させるには、普遍的な愛を説教するより楊朱のように逆説的に説くほうがずっと効果的だ。

では本題に戻って楊朱の言葉をわたし流に言い直してみよう。（わかりやすくはなるが、効果においてはもとの一見粗っぽい言葉より数段劣る。）要点はこうだと思う。他人を助ける気になれば髪の毛一本よりずっと多くのものを犠牲にするだろう。ただし、そう言われてやるのではなく自発的にやってしまう。一方、本人がその気にならないかぎり、どんなに理屈で責めてもいくら説教してもいくら助ける気を起こせと言っても、髪一本だって犠牲にするものかと思うだろう。つまり、どうしろこうしろと人に説いてもなんにもならないのだ。その人がすでにその気になっていれば説教は無用だし（逆効果にさえなりかねない)、その気になっていなければ骨折り損だ。楊朱の言葉は以上のことを意味しているのではないだろうか。利己主義の弁解ではなく素直な自立宣言だ。

楊朱の言葉にはまたつぎのような意味あいもある。人間は本来利己的であるが、宗教や教育などの社会的な力によって感化され訓練されて向上し、利己的ではなくなるという考えがある。楊朱の言葉はその逆を主張しているのだ。(そう見えないかもしれないが……。)つまり、人間は生まれながら利己的な部分と利己的でない部分を同じくらいずつ、あるいは後者のほうを多くもっている。そして利他主義を押しつけようとすると、逆に本来の利他精神を歪め、そっとしておけばのびるものをかえってその芽をつみとってしまうという結果になる。この考えは、老子のつぎの言葉に、より明確に言い表されている。「美徳や義務を宣伝するのをやめれば人は隣人愛をとりもどすだろう。」

後記

ニューマン枢機卿の言葉にこんなのがある。

ひとりの人間が一度でも罪を犯すくらいなら、一回でも故意にうそをつくくらいなら、正当な理由なしに四分の一ペニーでも盗むくらいなら、たとえ誰も傷つけなかったとしても、またたとえその人間が宗教を捨てなくとも、太陽も月も天から落ち飢饉で何百万人もの人が苦しみ死んだほうがましだ……

またフィヒテはどこかで「人類を救うためにだって約束は破らない」と言っている。わたしに言わせれば、この三人の言葉は酷似している。「とんでもない」と、道徳家は目くじらをたてて反論するだろう。つまり、ニューマンとフィヒテは道徳観をやや大げさに表現しているが、楊朱には道徳観がまったくない、といったぐあいに。わたしはそうは思わない。楊朱の信条は風変わりではあるが道徳的だ。ただ、そこいらの道徳基準からみれば非道徳的に映るだろう。楊朱は己れの主張を広めるために学校をつくっている。利己主義に徹した人間がそんなことをするだろうか。

たったいま頭にひらめいたのだが、道徳と狂信的な道徳を区別して考えるように、利己主義も「狂信的な利己主義」と区別して考える必要はないだろうか。うそをつくことをきらうのは道徳的信条と言えるかもしれないが、ニューマンやフィヒテぐらい極端になると世の道徳家でさえ狂信的だと言うにちがいない。同じように、ふつうの人間は楊朱のようなことを言わないはずだ。かれのは狂信的ともいうべき利己主義だ。しかし楊朱の言葉にしてもフィヒテやニューマンの言葉にしても、なんと情熱的に語られていることか！

28 利己主義と利他主義

わたしはこんな質問をいろいろな人、とりわけ聖職者に好んでぶつけてみる。「利他主義についてどう思いますか。利他主義とは他人のために自分の幸せを犠牲にすることか。それとも他人の幸せを通じて自分も幸福感を味わうことか。」反応はじつに奇妙だ。たいていの人は困惑し不安な顔をする。「そんなこと考えたこともない」とすなおに答える人もいるが、おうおうにして曖昧な答が多い。モーゼやイエスだったらどう答えたろう。天国に行けたらぜひともきいてみたい。もっとも天国に行ってまでそんな質問をしたらしらけるかもしれないが。

こんな話がある。ある母親がティーンエージャーの息子に利己的だとしかった。すると頭のいい息子は逆に「いったい誰のために利己的であってはいけないの」ときぎかえした。母親は返事に窮し、「おまえは科学者に向いているよ」と言ってごまかした。

この息子の問いは核心をついている。いったいだれのために利他的であるべきなのか。もしわたしが利己的なら他人の幸福など考えるわけがない。一方、もしわたしが利他的で他人の幸福を気づかうならば、あらためて利他的になる必要はない。すでにそうなのだから。言い換えれば、すでに利己的な気持であれば、どんなに利他主義を説かれようと馬の耳に念仏であろうし、反対に利己的にふるまう気がなければ説教の必要もない。わたしはことを単純に考えすぎているのだろうか。「生身の人間はもっと複雑だ。利己的な部分もあれば利己的でない部分もある。だからこそ利己的でない部分にうったえて利己的な部分を克服しなければ」と道徳家は意気ごむ。ある道徳家などはこう言った。「当然ながら、利他的になれと一方的に説いてもしようがない。だから自分の快楽しか考えない、卑しい動物的な部分に打ち克つよう、人間のより高尚な部分にはたらきかけるしかない。」

この発言には、タオイズムや仏教徒とは対照的な西欧倫理観――もっと具体的に言えばビクトリア朝時代の倫理観――の一側面が要約されているように思う。人間の心の中で高尚な部分と卑しい部分がつねに闘っているので、われわれは前者を応援しなければならない――これはビクトリア朝倫理観の金科玉条である。要するに、利他主義という、より高尚な目的のためにわれわれの利己主義を「犠牲」にすべきだ、ということだ。仏教やタオイズムの倫理観のすばらしさは、この悪夢のような二元論を超越しているところである。これをよく言い表しているのがホームズ（Holmes）の『仏の信条』という本の中の、仏教の「エゴイズム」に関する記述だ。[*01]

この点に関して西欧の仏教批判者の意見はふたつに割れている。リス・デーヴィッズ博士（Davids）やポール・カルス博士（Carus）などエゴを目の敵にしている一派によれば、仏の教えは超禁

HONDA

欲的である。正義のためにのみ正義を行なえ、と説いているからだ。正義を行なう唯一の報いは命の炎が消えなんとするたそがれ時に、心の平静を得ることができることだとしている。一方、キリスト教の名において仏教をけなす一派によれば、仏は自己中心的な快楽主義者である。仏は自分のことや自分の幸福だけを考えよと教えている。そして仏の言う幸福の概念には理想主義も向上心もなく、したがって悲しみと痛みからの逃亡でしかないというのだ。でもわたしはこう思う。まず歴史をふりかえってみれば明らかなように、仏は正義のための正義を目標にかかげて人びとに入信を勧めたのではない。(だいたい、仏にとって正義のための正義といった言葉は無意味であったろう。)生きかえろうとあがく苦しみのうずからきっぱり解放され、地上に戻らぬ者だけに与えられる喜びにひたること、これこそ仏の説いた道なのだ。

このように言うと、仏が説く人生の構想は自己中心的であるという意見を支持しているかにみえるが、そうではない。仏がいだく人生の構想は自己中心的でもなければ禁欲的でもない。誤解のもとは「自己」という言葉である。「自然」という言葉もそうだが、これほど誤解され誤用されやすい言葉はない。生命の構想が自己中心的か否かを問うとき、その構想における自己の領域をどこまでとするかによって答はちがってくる。自己から逃れることはできないが、自己をどんどん広げていけば個性がなくなり究極的には無私の境地に達する。そして、理想的な境地——個人が普遍的な自己とひとつになるところ——に達するはるか以前に、「自己中心的」といった言葉のありきたりの意味は消えてしまうだろう。

29 エゴイズムとは

橘曙覧《たちばなのあけみ》の和歌につぎの句がある。

たのしみは紙をひろげてとる筆の
思ひの外に能くかけし時

たのしみは百日《ももか》ひねれど成らぬ歌の
ふとおもしろく出《いで》きぬる時

たのしみは世に解《とき》がたくする書《ふみ》の
心をひとりさとり得し時

たのしみはまれに魚煮て児等《こら》皆が

うまし〳〵といひて食ふ時
たのしみはそぞろ読みゆく書《ふみ》の中に
我とひとしき人をみし時

本章に関わりのあるのは最後の句だが、大好きなのでほかのも引用した。

わたしも本を読んでいて自分に似た人物に出会うとうれしくなる。だから、自分に似た人物を見出すとうれしくなる人に出会うと、自分に似た人物に出会ったことになり、うれしい。さらには「〝自分に似た人物に出くわすとうれしい〟と言う人物に出会うとうれしくなる」と言う人物に出会うとうれしい。この調子でえんえん続けることはできるが、このへんでやめておこう。

ではまずわたし自身のいわゆる「エゴイズム」についてふれ、それから他人の「エゴイズム」について述べることにしよう。

ここで、わたしがいい気分のときにつくった詩をご披露したい。題は「エゴイスト」である。

人はエゴイストをきらう
自分を思いおこすから

わたしはエゴイストが好き
自分を思いおこすから

もう一篇ご披露しよう。これはまたべつのときにつくったものだ。「自己賛美」という題をつけるつもりだった。すばらしく自己中心的で気に入っていたが、この詩のもっと深遠でやや悲劇的な意味あいを伝えていない。そこで「エゴのない人間」と改題した。

自己中心的だと批判されると
とかく人はそれをひた隠しにする
そうこうするうちにその気になり
自分はエゴがないと思いこんで
ひそかに自己中心的な喜びにひたる

わたしはちがう
わたしはほんとうにエゴがない
わたしは捨てられたさびしい孤児のよう

「わたしにエゴはない!」
そう喜びいさんで叫ぶとき
わたしはわたしのエゴを失う
エゴは生き残るけれど
もはやわたしのものではない

情熱的で大胆不敵に自己中心的な勝利の詩になるはずだった。しかしふたをあけてみると、意外にもなんとなくもの悲しい詩である。「わたしはちがう」と言いきったとき、エゴイズムの頂点に達していた。みんなはエゴイズムをなくしたと思いこんでいるにすぎないが、わたしはほんとうにエゴを失った、という優越感に満ちている。ところがいざエゴを失ってみるとうれしいより、なにか悲しいのだ。腑に落ちない。読者はエゴを失ったわたしを哀れむだろうか。哀れまないとすればそれはなぜか。あなたがエゴを失ったらわたしなら同情するのに。わたしが失ったのは個人としてのエゴ、個人としての自己にすぎないと宗教的な人や神秘主義的な人は言うかもしれない。その個人としての自己がいったん死ななければ、もっと大きな「普遍的な」自己として生まれかわることはできないとも言うだろう。「普遍的な自己」という考えには反対ではないし、その重要性を否定する気もない。しかし個人としてのエゴを「殺す」ことによって普遍的な自己を得るという点がひっかかる。もっとまともで気楽な方法はないものか。いままでにみつかっていないとしても、ないことにはならないだろう。もし普遍的な自己を得る、まともで楽しい道がみつかったら（わたしはそう信じてやまない）、それこそ東洋哲学と西洋哲学の完全なる合体である。

「捨てられたさびしい孤児のよう」の背後にある「心」は老子のつぎの言葉と共通する。

賢さをとりのぞいてしまえば不安もなくなる
人びとは祭りのごちそうを食べるときのように、
また春の日、高い塔に登って見わたしたときのように喜びにあふれている
わたしだけはじっとしている
まだ笑ったことのない赤子のように
なんのきざしも見せない
帰る家のない者のように孤独だ
みんなありあまるほどもっているのに
わたしだけは足りない
わたしの頭は愚か者のように
からっぽ

世の中、頭のきれる人ばかりなのに
わたしだけは鈍い
みな個性的で賢いのに
わたしだけがさえない
わたしはあまりにも無頓着でぼんやりしている
岸につながれていない舟のように
いつも漂っている
みんなすることがあるのに
わたしは役に立つわけでもなくぎこちない
わたしだけがみんなとちがう
なぜならわたしは母なるタオより
じかに滋養をもらうからだ

『老子』の中でももっとも好きな部分のひとつである。残念ながら、自己中心的すぎると批判する人が少なくない。「みんなより劣るかのごとくふるまいながら、じつは自分がいちばん優れていると信じている者が言いそうなことだ」とある人は言った。わたしの第一印象とはだいぶちがう。わたしはむしろ、意気消沈した人が一生懸命自分をなぐさめている、という印象を受けた。

ある人にこの詩を元気よく笑いながら読んであげたところ（わたしはだいたいいつもそうする）、その人はひじょうにまじめに耳をかたむけ、終わると「なぜ笑う？　どこがおかしい。深い意味がありそうで、とてもおかしいなどと思えない」と言った。「深い意味があるとは思わないがじつにおかしい」とわたしが答えると、かれはしばらく考えこんでからこう言った。「この詩の哲学はわたしの信条にことごとく反している。もしこの詩が正しければわたしは一生、道《みち》を誤ってきたことになる。」

この詩について感想をもう少し述べることにしよう。なぜおかしい（少なくとも部分的に）ときかれたら返答に困るが、ひとつには、ユーモアを感じるというより自分の考えていたことの裏づけを得たようで、勝利感から笑いがこみあげてくるのだと思う。この詩の背後にある哲学はわたしの信条に近く、社会がわたしに押しつけようとした哲学とかなりかけ離れている。この詩にはわたしが憎んできた考え方に真っ向から対抗する説得力がある。それを見出した喜びが笑いとなるのだろう。つまらない、大人げないことを言う人だと思う読者もいるかもしれない。あるいはそうなのかもしれない。

では、中国の哲学者馮友蘭《ふうゆうらん》が荘子について語った文を引用し、もっと楽しい雰囲気で章をしめくくることにしよう。荘子の自己中心主義たるやホイットマン顔負けだ。[*01]

音もたてず形もない。たえず変わり、あるときは死に、あるときは生きる。天とも地とも対等である。霊的になったり知的になったりする。そして突如としてどこかへ消えてしまう。なにごともあるがまま。ある人間がほかより魅力的であるということはない……。以上は古代人が見たタオの側面である。荘子はこれを聞いて喜んだ。不思議で漠然とした表現と、野性的かつ豊かで曖昧な言葉とを駆使し、荘子は自分の考えにふけった。そこには偏見もないし奇妙な様子もない。荘子にとって世の中の人間は無知の裡にあり、語る価値もない。荘子は自分の考えを漠然とした言葉にまとめ、権威づけるために他人の言葉とし、変化をつけるためにいろいろな話で説明した。荘子はひとり天地の神とともに行き来した。しかし優越感はなかった、正も不正も蔑まなかったので民と気まずくなることもなかった。荘子の書いたものは尊大であったが、なにごともこきおろさなかったので無害だった。荘子の表現には終始、一貫性がなかったが魅力とユーモアにあふれていた。そして涸れることなくつぎからつぎへと考えがわいてきた。天にあっては創造主と徘徊し、地にあっては生死を超越した者と親しんだ。荘子は根源的なものを理解し、深遠でありかつ自由であった。本質的なところで荘子は崇高なものと調和し、それに順応することを知っていた。しかし、変革に対処するとき、ものを解釈するとき、つねにきちんとした根拠をもっていて、それは人からのうけ売りではなかった。曖昧でかつ漠然とした荘子はまさに無尽蔵である。

これはわたしのひじょうに好きな文章だ。読んでいて思うのだが、わたしはわたしに似た人物でなく、わたしのなりたい人物に出会ったようである。

30 エゴイズムと宇宙的意識

自己中心主義に対する人びとの偏見には目にあまるものがある。なぜあんなに目の敵にするのだろう。自己中心的ではいけないと教育され、つねに自己規制しているために自己を抑制しない人を見ると嫉妬を感じるのだろうか。もちろんエゴイズムにもいろいろある。愛のない陰鬱なエゴイズムもある。また一方では、前章の荘子のくだりにあるような自己中心主義もある。荘子のは、自然発生的で、子どもがもっているような無垢ですばらしいエゴイズムである。

「自己愛」のエゴイズムと自己主張のエゴイズムとはちがうのだ。わたしはでしゃばる人間はきらいだが自分を愛する人間は好きである。でしゃばり人間は権力志向型が多く他人をふみにじるのできらわれる。一方、純粋に自己中心的な人間は自画自賛でじゅうぶん満足していて他人をけなす気がない。両者のちがいをこんなふうに言い表した人がいた。「でしゃばり人間はでしゃばるために他人を必要とするが、自己中心的な人間はだれも必要としない。」この発言の前半には賛成だが後半は賛成できない。真に自己中心的な人はいい意味で人に囲まれていたいものだ。そのいい例がこのわたしだ。なにを言うにしてもするにしても感心してくれる人がいなければつまらない。

自分のエゴイズムを恥じ、罪悪感を感じている人がいるのは残念なかぎりだ。この点に関してリチャード・バック博士(Bucke)の『宇宙意識』という本がひじょうに啓蒙的である。第九章でバック博士は「宇宙的意識」の観点からシェイクスピアのソネットを分析している。とりわけつぎにあげるソネットとそれについての解説が本章に関係深い。

ソネット　第六二篇

自愛の罪がわたしの眼に
わたしの魂に、わたしの体全体にある
この罪は浄めようがない
わたしの心に深く根ざしているから
わたしの顔ほど上品な顔はほかになく
容姿も申し分ないし誠意にかけても人一倍秀でている
自分を評価してみると
すべての点でだれよりも優れている
しかし鏡に映るわたしは

それとは対照的な老いぼれ
風雨に打たれ、しわだらけで浅黒い
わたしの愛は突如として嫌悪感に変わる
自分をかように愛するのは罪でしかない
わたしは自分の老醜を君（わたし）の若いころの美しさで飾り
その姿をたたえる

つぎにバック博士の解説を引用する[*01]。

このソネットで作者は自己の二重性を強調している。宇宙的意識をもつ自己として自分を見ているときは自己賛美にひたり、肉体をもつ自己、自意識の強い自己として自覚するときは逆に自己嫌悪に陥る。作者はひじょうにエゴイスティックであると同時に、まったくと言っていいくらいエゴイスティックでない。ホイットマンにもこの矛盾がいっそう顕著な形でみられた。ホイットマンも宇宙的意識をもつ自己と宇宙的意識で書かれた作品『草の葉』を賛美していた。その自己賛美はソネットに表されたシェイクスピアのそれにひじょうに近い。ふつうの自己意識の強い人間がもっているようなエゴイズムはホイットマンにまったく欠けていた。同じようなことがパウロやマホメットやバルザックについても言える。要するにこういうことだ。宇宙的意識をもつ自己はあらゆる点で優れていて神聖である。宇宙的意識をもった自己からみると肉体も自己意識の強い自己もまたすばらしい。しかし、ふつうの自己意識でみると自己意識の強い自己も肉体もつまらないもの、さらにはパウロの場合のように卑しいものにさえみえる。

31 直観を信じよう

まず、白居易の詩を二篇引用する。

一、姪と甥にあてた狂気の詩（狂言示諸姪）　八三五年

世の人は字を読めない者を軽んじる
幸いわたしは読み書きができる
世間は役職についていない人間に冷酷だ
幸いわたしは高い官職に恵まれている
老いた者には病人が多いが
幸いわたしはいまのところ、どこも痛まない
しがらみに苦しむ人が多いが
わたしは一族の婚儀もすませ、娘も嫁にやってしまった

心の平静を破るような変化もない
仕事で体をこわすようなこともない
だからここ十年、身も心も世捨て人のように平穏である
そして残る日々を送るのに
ごくわずかなもので事足りる
冬の寒さをしのぐ敷物一枚と一日一飯
家は小さくてかまわぬ
寝るのに二部屋はいらぬ
馬もたくさんいらぬ
一度に二台の馬車に乗るわけでもなし
世の中にわたしくらい恵まれた人間は
十人中七人はいるだろうが
わたしくらい満足している人間は
百人中ひとりもいないだろう
他人のこととなると愚か者でも賢いが
自分のこととなると賢人でも判断を誤る

わたしの本心はほかのだれにも語れない
だからこの気違いじみた言葉を
　姪と甥に贈る

二、過去をふり返って思うこと（思舊）

八三三年

暇にまかせて過ぎ去りし日々を思うと
昔日の友が目にうかぶ
みんなどこに行ってしまったのやら
落ち葉のように黄泉の国に落ちていった友たち
韓愈はまじめにイォウの薬を飲んでいたのに
一度床に臥したらそのままあっけなく死んでしまった
秋石を溶解していた元稹は
老いる前に力つきてしまった
杜子先生は「健康の秘訣」に凝って
肉や香料をひかえた

崔君は強力な薬を煎じ
真冬でも夏服でとおした
でもみんな病気や事故で
中年も半ばで消えてしまった

そして食事などに気をつけたことのないわたしだけが
しぶとく長生きしている
若い頃には女や金など
あらゆる欲望に身を委ねた
もっとも美味な肉を求め
蒼鉛も甘汞《かんこう》も知らなかった
空腹になればできたての熱い料理をほうばり
のどがかわけば冷たい小川の水を飲んだ
詩をもって五臓の神をうるおし
酒をもって三つの丹田をうるおした
毎日こわれた体につぎをあてつつ

きょうまでなんとか無事に生きのびた
上の歯も下の歯もそろっているし
手足にも体にも不自由はない
六十代に入ったいまも
一盛りの飯を食べ、静かに眠る
そして飲めるだけ飲む、器いっぱいの酒を
それ以上のことはすべて天国まかせ

本書に引用したほかの詩と同様、これらの詩も大好きだ。どちらもとくべつ美しいとかインスピレーションがひらめくというのではないし、「神秘的な洞察」があるわけでもない。わたしがこれらの詩を好むのはその健全な人生哲学というか、良識のあるよき生活の哲学ゆえである。とくに二番目の詩に表現されている心はわたしの哲学にきわめて近い。はじめて読んだときの驚きと喜びは忘れられない。わたしも生まれてこのかた、科学者や医者の忠告をいっさい無視して好きなものを食べてきたが、健康そのものである。もっともわたしはまだ五〇代半ばだから、人の生き方の手本とされるにはちと早すぎる。だから白居易のように、長い人生そのものがその人の哲学の証となっているような老人を見るとうれしくなる。

わたしは子どものときから自分の好き嫌いと直観を信じてきた。かつて食事中に水を飲むのはよくないと忠告してくれた人がいた。(この説はいまから四五年前くらいにはやっていた。)唾液が水でうすまり、消化が悪くなるというのだ。何日か考えてみたけれどやはり飲みたかったので飲むことにした。現に水を飲んでも消化している様子なので悪いはずはないと思ったのだ。水を飲まないとかえって口の中がかさかさして食べ物がのどを通らない気がする。だからこの説はおかしい、なにがどうおかしいのかわからないがとにかくおかしいと確信していた。医学的な意見より自分の直観を信じたわけだ。その後、唾液は酵素であり、酵素の効果は濃度に無関係であることが証明された。問題は酵素の全体量であり、それが水でうすめられようと消化能力には影響ないことがわかった。結局、医者がまちがっていてわたしの直観が正しかったのだ。

こんな経験が何度もあった。いままでどれだけの食べ物と健康法の流行があったことか。食べ物恐怖症のために好きなものもろくろく食べられない人がたくさんいる。いったいどこで仕入れたのか知らないがチョコレートには毒素があり、砂糖は脳を腐らせると信じている人もいた。経済学者としても社会学者としても著名なある人は、炭で焼いた肉は発癌性があると信じこんでいた。その証拠にネズミの皮膚にコールタールをこすりつけると癌になると言う。たしかに皮膚にコールタールをこすりつけられたネズミは癌になるかもしれない。それはありうることだ。しかしだからといって、わずかな炭が胃に入ったから(胃壁にこすりつけるわけではなく胃に入るだけ)その人が癌になるとはかぎらない。

また、油で揚げた食べ物は消化が悪いという説もあった。驚くべきことに、何度か「勇気を出して」揚げものを食べてみて、じっさい消化不良を起こさなくても、まだ信じつづける人もいた。専門家のお墨付きがなくとも、あるものが消化にいいか悪いかぐらい自分でわかりそうなものだ。

最近台頭してきたコレステロール恐怖症にもふれねばなるまい。ほかの医学的流行と同様、わたしはまったく無視している。わたしは自分の体が求めるだけの脂肪をとることにしている。それ以上でもそれ以下でもなく。これができない人がなんと多いことか。健康そのもので血色のいいイギリスの数学者がいた。ところがあるとき、かれの奥さんがコレステロールを含まない料理ばかりつくるようになってから、それまでひじょうに元気で顔色もよかったかれはだんだんおかしくなり、一年後に会ったらすっかりやつれて元気がなかった。

いまから十五年前くらいに、ある医者がコレステロールの害についてつぎのようなことを言った。「わたしのように小児科の病院に勤め、自分の目で証拠を見れば水溶性の脂肪がほんとうに人体に有害であることを疑わないだろう。専門医の判断を信用すべきだ。」この医者はさっそく妻子とともにコレステロールを厳しく制限した食事にきりかえた。数ヵ月後かれの奥さんに会うと、夫婦ともども病気で入院していたという。なんと原因は栄養失調だ。それで医師からもとの食生活に戻るよう忠告を受けたということだった。

こんな話を耳にすると、自分の好き嫌いや気分に逆らうべきではないというわたしの直観的な確信は強まるばかりだ。もちろん好き嫌いや気分がつねに正しいとは思わない。自然だってまちがうことはある。しかし医者もまちがう。どちらか選ぶならわたしは前者を信頼する。

コレステロールをとらなかった医者が栄養失調になった数年後、コレステロールが沈着するのは脂肪の注入が原因ではない、という説をあるイギリスの医学者から聞いた。かれによれば、脂肪の消費量と体に沈着するコレステロールの量は比例しない。むしろその逆で、脂肪を多くとる人ほどコレステロールの問題がないという。要するに、コレステロールをとることとコレステロールが動脈に沈着することとは別問題なのだ。イギリスの医学者チームが推測するには、犯人は脂肪ではなく糖分である。水溶性の脂肪より糖分のとりすぎがコレステロールの障害をひき起こしているというのだ。その後糖分説も否定され、最近の説では運動不足こそ真の原因だとか。これは案外あたっているかもしれない。直観的にそんな気がする。しかしまた一方では、運動はかならずしも健康的でない（とくに高齢者）と主張する医者もいるそうだ。

ロックフェラー大学の研究員に聞いたところによると、コレステロールは健康的な動脈にはけっして沈着しないという。つまり動脈が健全な人はどんなにコレステロールをとろうが障害は起こさない。コレステロール自体が動脈障害を起こすわけではないからだ。動脈に障害があるとコレステロールはそれを悪化させる。動脈が正常でコレステロールの心配もないのに、体が必要としている有益な脂肪や糖分をとらない人が多いのは嘆かわしい。

アメリカ人に較べ、ヨーロッパの人は医者も素人も、食べてはいけないものや食べるべきものにそれほど神経質ではないときく。それはいい傾向だ。最近、友人がプラハにお姉さんを訪ねた。お姉さんは公衆衛生の分野で名の知れた医学者であった。友人はチェコスロヴァキアの人びとが食べるものに無頓着なのに驚いたそうだ。そしてお姉さんがあまりこってりとした食べ物を勧めるので心配すると、「好きなものを食べればいいじゃないの、体に悪いわけではあるまいし」と言われたそうだ。それにしてもアメリカ人はなぜあんなに神経質なのだろう。「快楽」を信用せず、大好きなものは自分にとっていいはずがないとするピューリタニズムの名残りなのかもしれない。

ずいぶん脇道に入ってしまったが、要するに、白居易の詩が好きなのは、この詩にわたしが子どものころから感じていたことが言い表されているからである。しかもその後の人生経験によってそれが正しかったという確証も得た。

イギリスの詩人ブラウニングも自分の直観を信じていた（少なくとも食べ物に関してそうだった）ことを発見してとてもうれしかった。ウィリアム・フェルプ（Phelp）はブラウニングに関する著書の中でつぎのように書いている。[*01]

ブラウニングは健康的で不自由のない楽しい生活をおくった。若いころ頭痛に悩まされたことをのぞけば病気も肉体的苦痛も知らなかった。死因となった最後の病気以外、昼間寝ている父親の姿を見たことがないとブラウニングの息子は語っている。ブラウニングは食欲旺盛だった。かれはほんとうに楽しめるものだけ食べるべきで、食欲はその食べ物が体にいい証拠だと信じてやまなかった。

要するに、自分にとってなにがいいか悪いか判断するには、自分の本能——欲望——がいちばん良きガイドだ。「そうはいかない」と眉をひそめる人がいる。かれらは、好きなものを食べ、飲み、しかも健康そのものといった人を見ると「もともとよくべつ恵まれた体質なのだ」と言う。むしろその逆ではないだろうか。自分の好きなものを食べ、好きなものを飲んできたからこそ健康なのだ。

32 なるがまま

「なるがまま」の哲学というものがある。なににつけても自然の流れに逆らわず、世の中に棹さすこともせず、すべて来るがままにまかせる、そういう哲学だ。「静」の哲学とでも言おうか。

「行動主義者」にとってこれほど不愉快なものはない。「なるがまま」の姿勢こそ諸悪の根源だ。他人のことをまったく顧みない人間に格好の隠れ蓑を与えるだけだ。なりゆきにまかせていたら悪に敢然と立ち向かうことなどできないとかれらは言う。

これに対して、「静」の哲学を信奉する者は穏やかにこう反論するだろう。君たちは世界を「改善」すると言いながらかえって事態を悪化させているではないか。専制政治に反対して革命を起こしたはいいが、前よりひどい専制政治を招いてしまったではないか、と。

わたしは、いずれの肩ももつつもりはない。個人的には後者を好む。しかし、世の中を改善しようとする努力がかならずしも逆効果に終わるとも思わない。失敗することもあろうがいい結果をもたらすことだってある。どちらかというと後者の立場に共感をおぼえるが、行動主義を非難するならば「静」の哲学も見上げたものではない。要するに、「静」か「動」かの論争は平行線をたどるばかりで無意味きわまりない。

人間は自然（宇宙と言い換えてもいい）と分離した存在ではなくその一部であるとわたしは信じる。変化を望み、それを成し遂げることもなりゆきならば、変化を望む気持を抑えて行動を起こさないこともまたなりゆきではないか。人間の歩む道がなりゆきの一部であるかぎり、なりゆきにまかせるしかない。どんな道をたどろうともそれがなりゆきなのだから。

「静」の哲学に理論的裏づけはない。だがわたしはこの哲学が気に入っている。「静」の哲学と「動」の哲学のちがいは、哲学というより性分のちがいのようなものである。わたしは世の中のことに干渉するより気ままに生きるほうが性に合う。熱心な不干渉主義というよりたんに干渉するのが嫌いなだけだ。そして、いつも忙しくなにかに頭をつっこむのが好きな行動主義者に干渉する気もさらさらない。それだけのことだ。他人は他人、やりたいようにやればいい。

33 成功するものか！

あるところに「成功するなかれ」を生活信条とするヒッピーがいた。人間にとって最大の不幸は、有名になること、富を得ること、名声を得ること、この三つであると信じていた。一方、ひじょうにブルジョワ的な両親（とかれは決めつけていた）は、なにかというと「せがれよ、立派な人間になりなさい」と言っていた。そして「成功するなかれ」なんて「大人げない」考えは捨ててくれと懇願し、ときに脅し、ときにあやし、なんとか息子を「まとも」にしようとしたがさっぱり効果がない。「おまえは才能があるんだし、なろうと思えばひとかどの人間になれるのに、一生を台無しにするなんて！」と嘆いた。それでもヒッピー息子はかたくなに「成功する」ことを拒んだ。

といってもそのヒッピーは怠惰でもなかった。頭脳明晰で豊かな想像力の持主だった。学校はいやでいやで退学してしまったが、そのかわり公立図書館に通いつめ、貪るように本を読み熱心に勉学にはげんだ。そして水を吸い上げる柳の木のようにみるみる知識を吸収していった。「その知識を実生活でどう活かすのか」ときかれると「そんな気はさらさらない。ぼくはそもそも社会的に成功する気はないんだ。いや、断固成功しないぞ」と答えるばかり。

かれの成功を妨げたのは怠惰でもなければ能力不足でもない。イデオロギーだったのだ。つまり「成功するなかれ」主義をかたくなに守っていたのである。あるときはやけっぱちになって親に向かってこう叫んだ。「成功するくらいなら、何回でも十字架にかけられて、言葉に絶する苦しみを味わったほうがましだ！」

これを聞いて不安になった両親は息子を精神分析医のところへ連れていった。親が選んだその医者は時代遅れの老いぼれで、ぜんぜんわかっちゃいない。ヒッピー息子は無礼とはいかないまでもきわめて非協力的だった。人を食ったような超然とした態度は老医師をいらいらさせるばかり。数ヵ月後とうとう匙を投げた医者は、問題はわかったけれど治療はお手上げだと両親に告げた。「いったいどこが悪いのですか」と両親が身を乗り出してきくと医者はもったいぶってこう答えた。「要するにご子息の問題は成功する気がないことですな。」

この愛すべき主人公《ヒーロー》とそのヒッピー仲間との関係もおもしろい。同じヒッピーでもひと味ちがう。イデオロギーには無頓着で、いわば生まれながらのヒッピーであるかれの仲間たちは、成功したいなんて考えるバカなどいるはずがないと思っていた。かれらが成功を求めないのは、それ以外の生き方が考えられないからにすぎない。かれらに自分たちの信念を説く救世主的、予言者的使命感はない。自分たちが成功しなければそれでいい。なにも他人に成功すべきでないと説いてまわる気はない。わが主人公《ヒーロー》はそこがちがう。自分が成功しないだけでは気がすまない。世の中の人を成功から救ってやらなければと意気ごんでいる。社会全体が成功するのはしかたないにしても個人が成功するのはもってのほか!

気のやさしい友人たちはだいたいにおいて無関心で、麻薬を常用しながら気楽に暮していた。かれはちがう。麻薬を常用すると成功の悪を論証するエネルギーがなえてしまうのを恐れた。しかも人生をこよなく愛する性《たち》だった。かれはよくこう言っていた。「人生はすばらしい! 生きているからこそこうして成功のばからしさを証明できるのだ。」人生の目的はただふたつ。成功しないこと、そして成功すべきでないことを証明すること。

ヒッピー哲学のスポークスマンおよび予言者として仲間から慕われていたかれはひろく旅行し、各地で成功の悪について雄弁に講演した。やがてかれは危険人物とみなされるようになった。ある意味では麻薬密売人以上に警戒された。エリートコースをたどる多くの高校生がかれの生き方に共鳴し、ひとり、またひとりと高校からドロップアウトしていった。そしてかれとともに図書館で熱心に勉強した。だがもちろん、そこで学んだことを実生活に活かす気はない。

弟子の数が増えすぎて図書館で集まれなくなると、かれは広い自宅(じつは両親が成功したおかげでそのような邸宅に住むことができたのだが)を提供した。この「塾」から数かずのすぐれた文学作品が生まれた。

成功拒否の思想はどんどん広まった。ある日、出版社の人がやってきて、「ヒッピー君、君の考えはひじょうにおもしろい。その考えを体系的に整理して本にしてみないか」ともちかけた。ヒッピー君は本を出せばさらに多くの人に訴えることができるにちがいないと思い、はりきってさっそくその本にとりかかった。数ヵ月後『なぜ成功してはいけないか』という〝名著〟を書きあげた。出版社はその出来に満足し、爆発的な売れゆきを予想した。はたしてその本は当たり、世界的ベストセラーとなった。世界中のヒッピーはもちろんのこと、自分の子どもをヒッピーにしたくない親もきそって買い求めた。その本は理路整然としていて説得力もあった。親たちは子どもの反抗に対して理論武装するためにこの本を熟読した。その結果、この本は売れに売れて著者はわずか数週間のうちに何万ドルも儲けた。

悲しいかな、ある日突然、かれは恐ろしい事実に気づいて愕然とする。「おおゴッド！　なんたることをしてしまったのだ。ぼくとしたことが成功するなんて！　有名になり、大きな富を得、おまけに名声まで得てしまった。いままでの努力もぜんぶ水の泡だ。いったいどうすりゃいいのだ！」

さて読者諸君、わが愛すべき主人公《ヒーロー》の行く末やいかに⁉　自殺していただきましょうか。いやそれではあまりにも悲しい。ではどうしたらいいか。

ことわっておくがこの話に教訓などない。ある哲学的な問いを提示してみたまでだ。ここに成功を拒否したがゆえに成功した男がいる。これこそまさにヘーゲルの弁証法だって？　かれの成功は「無為をもって為す」「努力しないことによって成功を得る」というタオの言葉を裏づけていると言えなくもない。このヒッピーは本を書くために努力したではないかと反論する人もいるだろう。わたしはもっと善意に解釈したい。かれは名声や富を求めて本を書いたのではない。すなおに自分の考えを表現しようとしたのだ。

そろそろこの話を結ぶとしよう。

ヒッピー君は裏切り者として仲間たちになじられるのではないかと悩んだ。ところがあにはからんや、仲間たちはかれをいっそう慕い、その成功を喜んだ。かれらはこう言った。「いかすじゃないか。考えてもみろよ、おれたちの仲間が成功するなんて！」

「どうしてぼくの成功を祝福できるんだ?! ええ？ 僕たちの哲学の裏切りではないか」と問いかえすと、かれの友人は賢くもこう答えた。「裏切りじゃないさ。ちょっとした修正にすぎんよ。成功自体が悪いんじゃない。成功をめざしてはげむことが悪いんだ、それがわかっただけでもたいしたものさ。」

34 努力しないで成功する方法

「がんばる」ということが嫌いだ。子どものころからなぜか嫌いだった。

もっと「がんばって」いたら、もっと多くのことを為し遂げることができたかもしれない。ひょっとすると「成功」していたかもしれないが、それは知るよしもない。もしがんばったために確実に成功できたのであれば、あのときがんばればよかったかなとちょっぴり後悔していたかもしれない。

人がなんと言おうと成功のおもしろさというものはある。しかし成功を得るための努力はしんどい。少なくともわたしにとっては。そこで努力しないで成功することができないものか考えてみよう。

この悩みの解消法はふたつある。ひとつは自分にこう言いきかすことだ。「怠け者でも意志薄弱でもないのだから、少しがんばることくらいなんでもないさ。だいたい努力しないで報いを期待するなんて退廃的だ。努力のない人生なんておかしい。努力を惜しむ気はない、成功するための努力なら……。」

もうひとつは、つぎのような自己暗示をすることだ。「だいたい成功なんかしたくない。なぜみんな成功などという自己中心的なことにこだわるのだろう。自分ひとり成功しようなんて罪深いことに固執せずに神と隣人への奉仕に専念すべきだ。幸いわたしは成功への執着など乗り超えている。だから努力しないで気楽に暮らすか、努力して成功するかのジレンマはない。」

以上のふたつの道を選んだ人には幸運を祈るが、じつはあまり興味はない。わたしが関心をもつのは、成功はしたいが努力したくないというタイプの人間だ。こういう連中に望みはないのだろうか。虫がよすぎると断言する人もいる。「そんな奴は二重に罪を犯し二重にばかだから、望みが叶う可能性も二重に低い。第一に成功を望める器ではない。ほんとうに偉大な人は謙虚で自分の名誉や地位や富を高めようとは思わない。[*01] 成功したい欲望が成功を妨げているのだ。第二の罪は努力しないこと。努力しないでなにかを得ようなんて無理な話だ。自分の才能だけで成功できると思ったらとんでもない。たとえ才能があってもそれを伸ばし活かす努力をしなければ宝の持ち腐れだ。エジソンだって、天才はインスピレーションが一パーセントで残りの九九パーセントは努力だと言っているではないか。努力せずにインスタントの満足感と成功を求めるなんて虫がよすぎる。だいたい成功しようなどと思うことからしておかしいが、どうしてもしたいならせめて努力することだ。要するに自己修練だ。」

少し大げさに書いたがじっさいそう思っている人はいる。わたし自身それらしきことを言われたことがある。それに対する反撥がわたしのいまの原動力のひとつになってさえいるのだ。

ではわたしのように、成功はしたが、がんばるのがきらいな人間にはまったく望みがないかというとそんなことはない。歴史をみれば一目瞭然だ。まず、わたしの大好きなタオの哲学者をみてみよう。たとえば老子と荘子。かれらの書いたものは二六〇〇年もの長きにわたって人びとに読みつがれてきた。世の中にこれほどの成功があろうか。ある意味で老子も荘子も前章のヒッピー君と共通点がある。ふたりとも行動しない、自己主張しない哲学をもち、名声と成功を追求することのむなしさを説いた。しかしそう説くことによってはからずも名声を得た。なんという快挙！　ここにこそタオイズムのすばらしさがある。かれらの業績はその哲学の生ける証だ。

問題はかれらが努力したか否かだが、これは微妙な点である。この答が理解できれば、タオの核心にふれることになろう。タオイズムの主要な考えのひとつに「無為」というのがある。「無為をもって為す」という思想だ。老子や荘子はそれを実行した。

無為とはなにか。どんな定義も理屈もそれを正しく言い表すことはできない。無為のフィーリングをつかむにはその使われ方をみるしかない。[*02]「無為をもって為す」がわかりにくければ「努力をしない行為」と言い換えてもいい。

タオイズムには「タオはなにも為さないがすべてはタオを通じて為される」という格言がある。その心は「努力なしの行為」に近い。タオはまさに努力を必要とせずになにげなく作用するものだ。タオイストたちはタオと調和しながら努力せず行動していた。ものを書くときも、努力するのでなくタオの力で書いていた。老子はタオについてこう言っている。

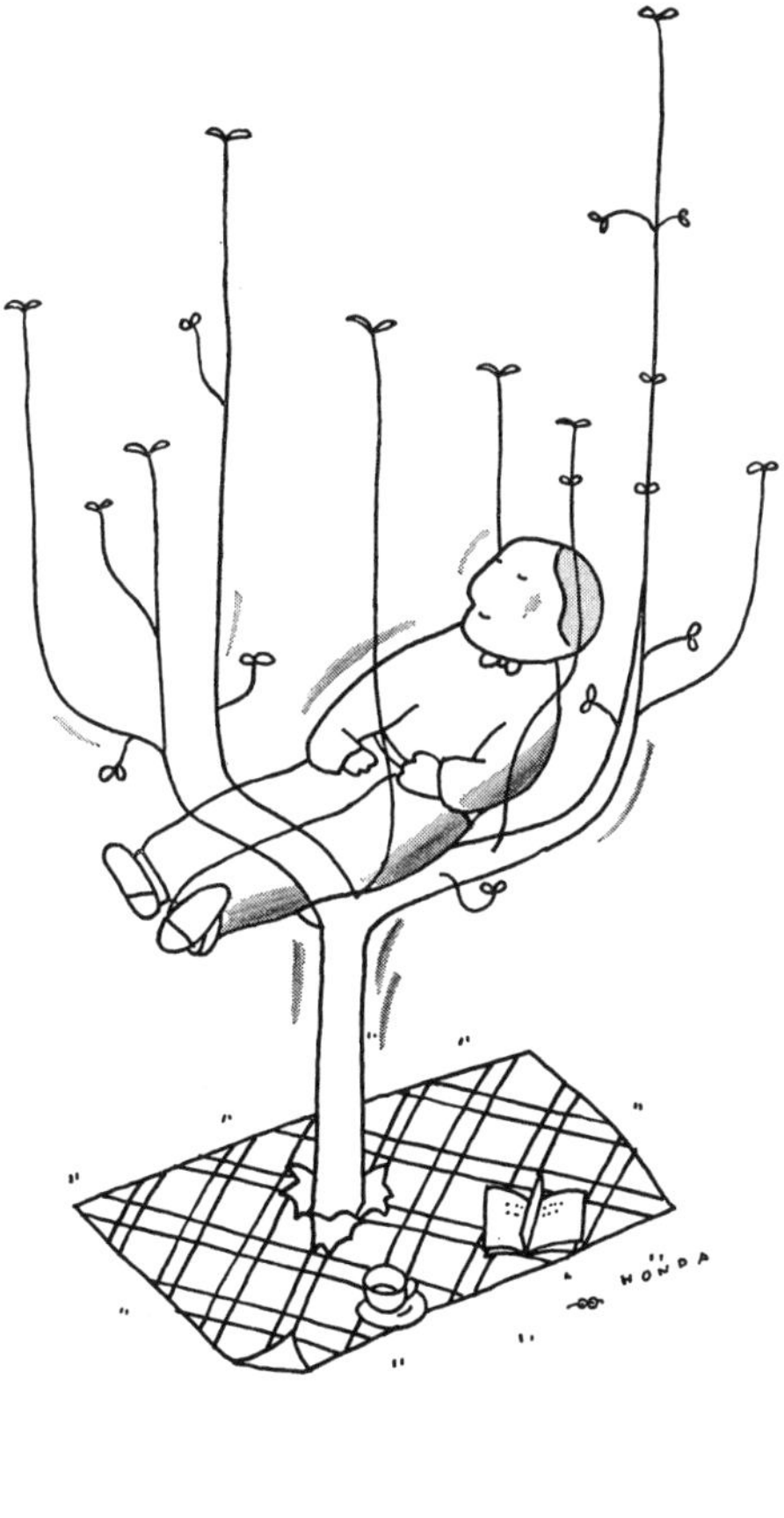
HONDA

見ようとしても見えない
耳をすましても聞こえない
しかしそれは無尽蔵である

老子や荘子が結果として成功したのは、タオの無尽蔵な力を活用したからだ。タオイストは、口にする言葉や思いうかぶ考えが、自分から出たものとは思っていなかった。自分たちをとおして出ていったにすぎないと信じていた。かれらは喚起者としてでなく媒介者としての役割を自覚していた。かれらの書いたものはかれらからはなれてそれ自身の命をもち、風に吹かれる雲のようにふわふわとあてどなく漂う。

北宋の詩人、蘇軾《そしょく》が自分の作品について書いた美しい文がある。

わたしの作品は涸れることのない泉から涌き出ずる水のように地の果てまでも広まっていく。平地ではうねり、押しよせ、悠々と日に千里も流れる。山や岩や曲がったところに来ると、どのようにしてそうなるかはっきりしないが周りの形にしたがう。わかっているのは、わたしの言葉が流れるべきところに流れ、とどまるべきところにとどまるということだけだ。それ以上はわたしの理解を超えている。

まず目を引くのは、蘇軾が自分の作品を演出しているのでも制作しているのでもない、作品が自由に行動すると言っていることだ。ここにも無為の思想がみられる。蘇軾はまた、「詩はこぼれ出た水のようにして成る」とも言っている。そして——

　書かれたばかりの詩は弾丸のように
　一度手を離れたら止まることを知らない

つぎに引用する二篇の詩は本章に不可欠というわけではないが、大好きなのでぜひ読んでいただきたい。最初の詩は四世紀の詩人、陶淵明の二〇節からなる詩の一節である。

　道を見失って千年
　人びとの心はゆとりなく
　酒はあっても飲もうとせず
　世間体ばかり考えている

つぎは蘇軾の詩で、先の陶淵明の詩と同じ韻を踏みながら陶淵明について語っている。

道は失われ、人びとは自分を見失ってしまった
語り合う言葉には情がこもらず
江左の風流人たちは
酔いしれながらも名声を求めた
その中で淵明だけは純粋で本物だった
淵明はよく語りよく笑った
風にそよぐ竹のように
淵明は揺れ、たわみ、葉をふるわせた
天をあおぐ葉もあれば地に親しむ葉もあり
それぞれおもむきを異にした
淵明が酒を飲むと詩は自然にできていった

努力についてつぎのように考える読者も多いだろう。「芸術家は当然、優れた技術をいったん身につけてしまえば、あとはさほど努力しなくても作品はできる。熟練とは作品がなにげなくできたようにみえることにほかならない。優れた作家の作品は努力のたまものにみえないものだ。上手な手品師の手品は一生懸命にやっているようにみえない。運転のうまい人ほど無造作に運転する。名演奏家の演

奏も努力のあとがみられない。いかにも必死に弾いているのでは名演奏家と言えない。しかし、いずれの場合も熟練するまで並大抵でないエネルギーと練習と自己修練と努力が費される。努力は技術の表現よりそれを身につける段階で必要とされる。ここで〝無為〟などもちだすと誤解のもとだ。結果だけをみて、それに至る涙ぐましい習得過程を無視している。」

わたしは、技術を身につけるまでの努力を忘れているわけではない。その必要性を認めていないわけだ。たしかになにかを学ぶためには大変な努力を強いられることが多い。しかしそれは不必要のこともある。「無為——努力なしの行為」は習得の過程にもあてはまるものと信じるし、これこそ本章のテーマである。

中国の風景画家は達人になるのに二、三〇年かかったという。趙孟頫《ちょうもうふ》はこう言っている。

小さい子どもならはじめて筆をもった日にかなりの上達をみせるだろう。しかしまだ乳離れしていない子どもは別として、画家は画材になじむのに一〇年、基礎訓練にもう一〇年、そして自分のスタイルを確立するのにまた一〇年かかる。謙虚な弟子は自分の欠点を正すのに精一杯で、すぐに名声を得ようなどと考える余裕もない。だんだん熟練していくにつれて報いがあるのは当然だ。高いところをめざすなら、焦って名声を得ようとするな、これがわたしの忠告だ。

三〇年とはそうとうしんどい話だが、はたしてそうであろうか。好きなことであれば努力している気がしないのではないだろうか。

ここに問題の核心がある。いまのところ、客観的、科学的に立証できないのでわたし自身の経験をもとに言うしかない。私は好きなことを学んでいるときはそれが何年かかろうともがんばっているという自覚はない。一方、嫌いなことがらだと（必修科目というばかげたもののためにわたしもだいぶ苦しんだ）、必死の努力をはらわなければならなかったし、しかもそれはたいてい無駄に終わった。好きな科目は意識的な努力なしによく理解したが、嫌いなことだと、どんなに努力してもよくわからなかった。

ものを学ぶのに苦しい努力が必要かどうかは議論の余地がある。わたしのように好きなことなら努力しないで学べる、と主張する者もいれば、それは希望的観測にすぎないと反論する者もいる。どちらが正しいのだろう。あるいは第三の可能性があるのだろうか。問題は龐蘊《ほういん》の言葉に隠されているのかもしれない。張中元の本から引用しよう。龐蘊の『対話集』と『指月録』を読むと龐蘊一家が熱心な禅仏教徒であったことがわかる。ある日龐蘊はお寺で静座してこう言った。

ああしんどい
なんてたいへんな仕事なんだ
わたしの研究は千キロもの亜麻繊維を

木の枝にかけて干すようなものだ

かれの妻はこう答えた。

わたしの生き方は気楽なものです
咲く花の上に大師の教えをみつけました

これを聞いた娘はこう言った。

わたしの勉強はむずかしくもやさしくもありません
おなかがすけば食べるし
疲れれば休むだけです

第4部

タオは愉快な公案《パラドックス》

35 風狂の哲学と分別くさい哲学

哲学はおおざっぱに言ってふたつに分けられる。「風狂の哲学」と「分別ある哲学」である。わたしは当然、前者のほうが好きだ。後者はきまじめで、正当で理性的で分析的である——要するに、ひじょうに分別くさい。一方、風狂の哲学はどこか狂っている。そして自然発生的でユーモアがあり、従来の思想の枠にまったくとらわれない。道徳的でない。自己規制がない。整然としていない。それはこの世を超越していて、美しく、詩的で、真っ正直で、矛盾とパラドックスに満ち、要するに魅力的である。分別くさい哲学と較べて、いちばんまさっている点は真実にずっと近いということだ。こう書くと、当然、分別ある哲学者の多くは異議を唱えるだろう。風狂の哲学のほうが真実に近いという証拠はある。ただしどれも分別ある哲学者が認めてくれそうにない狂った証拠ばかりだ。

哲学者にかぎらず、人はだれでも、だいたいどちらかのタイプに属するようだ。一般的に、心理学者、精神分析医、経済学者、社会学者、政治学者は分別あるタイプだ。そして芸術家、詩人、音楽家、(うれしいかな)化学者、理論物理学者、数学者(とりわけ数理論理学者)は風狂の傾向がある。経験から言うと、ひじょうに優れた論理学者は分別あるものに深い理解を示すと同時に、風狂なものにもすばらしい感性をもっている。これは当然と言えば当然だ。理屈を超えた哲学は新鮮であるばかりでなく、ひじょうに啓蒙的であり、風狂の哲学を理解できない人は真実をもほんとうに理解できない。

分別を捨てることによって、人間はより情深く寛大になる。さらに狂うことによって、この世の、ぞっとするような「まともさ」も耐えがたいものでなくなる。さらに狂気が進むと狂気か正気かの二元論は無意味になり、両者は同じにみえてくる。

わたしは分別ある哲学に反対しているわけではない。分別ある哲学があるからこそ狂気の哲学のすばらしさが引き立つのだから。

それではふたつのタイプの例を示そう。文学、とりわけ西欧の文学には分別の哲学が幅をきかせている。アリストテレスの作品をみるがいい。どのページを開いても分別だらけだ。一方、風狂の哲学とはざっとこんなものだ。つぎの荘子の言葉によく表されている。

古代人の知識は完全だった。なぜ完全だったかというと、ものの存在を知らなかったからだ。これほど完全な知識があろうか。足りないものはなにひとつない。それからやがてかれらはいものの存在を知った。しかし区別はしなかった。それからしばらくたって区別するようになった。だがそれぞれにいいとか悪いとか判断を下すことはなかった。人間が判断を下すようになったとき、タオは崩壊した。そしてタオの崩壊とともに個人の選り好みというものが始まったのである。

本章に関してお詫びしなければならないことがひとつある。それは本章が分別くさいことだ。ただ、友人がこう言ってくれたのがせめてものなぐさめだ。

「分別くさくはあるがどこか狂っている。」

36 ひょっとして

荘子が蝶になった夢を見た話は有名である。翌日、荘子はこう瞑想したという。「きのう蝶になった夢を見た。きょう、自分は荘子である。……はて、もしかするといまの自分が蝶で、荘子になった夢を見ているのではないだろうか。」

「ときおりわたしのほんとうの肉体はどこか別のところにある気がする」とヴィトゲンシュタインは言っている。荘子やヴィトゲンシュタインにかぎらず、人生は夢であり、肉体は実在せず、ほんとうの肉体はどこか別のところにあるという空想は多くの人が体験している。

いまの人生が夢で、あるとき目覚めてみたら肉体はどこか別のところにあり、それが人間でも蝶でも哺乳類でもなく生きものでさえなく、コンピュータだったとしたらどうだろう！　コンピュータこそ真の姿で、それが人間になった夢を見ていたとしたら……。さらに皮肉なことに夢の中では（つまり人間になっているつもりのとき）、コンピュータは純粋な機械以上のなにものでもなく、思考能力も魂もないと考えていたら。夢の中では慎重な思索家であり、行動主義的観点から生物有機体以外のものが思考することは論理的にはありえないとの結論を下したとする。主体が有機体でないかぎり思考するとは言えないということだ。したがってコンピュータは思考できるはずがない。ところが目覚めてみると自分はコンピュータだ。しかも現に思考している。したがってコンピュータは（全部が全部ではないにしても）思考する、ということになる。こうなると、「思考」の定義を修正せざるをえない。そうでないと「自分はコンピュータである、したがって自分は思考しない」ということになってしまう。

夢の中で肉体と精神の同一論を信じていたとしたら、これまた皮肉だ。肉体と精神の同一論とは、精神的な事象はすべて物理的な事象であり人間のいわゆる「思考」は脳における物理的なはたらきにすぎない、という考えだ。その考えにもとづき、夢の中では自分の思考は肉体の一部である脳のはたらきと同一であると信じていた。ところが夢から覚めてみるとその肉体が存在していなかったことに気づく。だから実在しない肉体を自分だと思いこんでいたことになる。もっとも、だからといって同一論を捨てる必要はない。多少修正すればよいのだ。つまり、物理的な事象のみが現実であり、あらゆる思考は純粋に物理的であると信じつづけることは可能だ。さらに、自分をある物理的構成物と同一視しつづけるのもかまわない。たまたま自分を別の肉体と同一視してしまったにすぎない。もし人間になった夢を見なかったら存在しない人間の肉体と同一視することはなかったろうし、自分はコンピュータで、いわゆる「思考」は電子の働きにすぎないことをずっと認識していたにちがいないのだ。

自分がコンピュータであると自覚した場合、生と死についてどう考えるだろうか。夢の中で自分が人間だと思いこんでいたころは、「人間の肉体」の生物学的死がすべての終わりだと信じてやまなかった。肉体が死ねば自分もろうそくのごとく消えてしまうと思ってびくびくしていた。ところがその肉体がはじめから存在していなかったことが急にわかったらいったいどんな気分だろう。ばかなことで悩んだものだとほっとするだろうか。それともこんどはコンピュータの機能が停止しやしないかとびくびくしながら毎日を過ごすだろうか。だれかがふざけて電源を切ってしまったら、万事休す！　まあこの遊星にはそんな意地悪な人間はいないことにしよう。この遊星で思考能力をもっているのは自分のような定置コンピュータと定置コンピュータの面倒をみる動くコンピュータ（ロボット）だけである。人間とちがって邪念などもたないロボットがいるかぎり、電源を切られる心配はない。だからろうそくのように消えてしまう恐れはない。部品が故障すればかんたんに取り換えがきく。それでも、太陽系が崩壊して電気を提供してくれるエネルギー源がなくなってしまうのではないかと気をもむかもしれない。大丈夫、そうなるずっと前に科学の発展によって、コンピュータ（つまり肉体）は何億年分ものエネルギーを提供してくれる若くてピチピチした別の太陽系に運ばれるから。ではもし全宇宙が崩壊したら……ああ、不安は尽きない。

ここでまた夢から覚める。自分はコンピュータでも人間でもなく、いままで想像したこともないものであり、自分がコンピュータである夢を見ていたことに気づく……。

きりがないからこのへんで空想はやめておこう。しかしほんとうに空想だろうか。少なくともわたしは空想でない可能性が大いにあると真剣に思っている。理論的には明らかにありうる。ほんとうにそうあってもわたしは驚かない。

後記

何世紀かのちに歴史学者が本章を読んで、人名事典につぎのように書くかもしれない。

スマリヤン、レイモンドM――自分はコンピュータだと思いこんでいた二〇世紀の風変わりな哲学者

37 ある夢

東洋哲学の書には師と弟子の問答がよく出てくる。わたしはその中でも師がまるででたらめなことを言って弟子の度肝を抜くくだりが好きだ。たとえば禅師が出し抜けに「この世が始まって以来、なにものも存在したことがない」と言って弟子を驚かす話などである。

ヒンドゥー教(?)にも「なにも存在しない」という考えがある。わたしはこの考えを真に受けているわけではないがひじょうに気に入っている。とても深みがあり、説明できないが示唆に富んでいる。また不思議に「便利」である。この考えによればわたしの人生なんてものは存在しないわけだが、この存在しない人生にも印象深い出来事がいくつかあった。そのひとつは、いまから三〇年くらい前に見た夢である。夢の中で偉大なヨガの行者が現れて、こう言った。

「見よ、からっぽの宇宙を！」

しかし考えてみると、宇宙がからっぽなら、少なくともからっぽな宇宙は存在することになる。とすると、さっきの言葉はこう修正すべきかもしれない。

「見よ、からっぽな宇宙さえない！」

38 占星術とシンクロニシティ

大学で占星術を教えるようになった。数学や物理学の教授を雇うときはその分野についてある程度の知識が必要だし、候補者の論文や推薦状などに目をとおさなければならない。ところが占星術の講師の場合は、適性や能力を星占いで判断すればいいのだから手続きも簡単だとか……。

つい最近までわたしは占星術を信用しなかった。占星術を正当化しようとする理屈はそれ以上に信用できなかった。高校生のころ、占星術に凝っている先生がいた。その先生によると、生まれたときの天体の位置が引力によって人間の性格に影響を及ぼすのだと言う。しかしわたしは納得がいかなかった。惑星の引力が、生まれた部屋の机やいすの引力以上の影響を及ぼすとは考えられなかった。

占星術者が引力などもちださずに、素直に惑星が人間に対して不可思議な力を及ぼすと言ったならばわたしはもっと信じる気になっただろう。引力といった、一見科学的な説明が逆に不信を招くのだ。わたしは長年プロの手品師《マジシャン》をやっていたけれど、魔法についてはほとんど知らない。でも惑星の引力については多少知っているつもりだ。その惑星の引力が地球上の人間に対してもつ影響力はほんのわずかである。

ひょっとすると全宇宙は科学的法則ではなく、最終的には不可思議な法則に従って動いているのかもしれない。もしかすると宇宙は偉大な魔法使いで、人間どもにその実体と魔力を見破られないために目に見える現象をあたかも科学的に、あたかも秩序があるかのごとく配置しているのかもしれない！　宇宙の究極の法則が魔法だとしよう。惑星は人間の生活に魔法のように働きかける。ではどの惑星がどのような魔力をもっているのか。どれが火星の影響でどれが金星の影響かは占星術者にもわからないだろう。たとえ魔法や超自然的力が存在したとしても占星術者に対する信頼感が増すわけではない。魔法のような力や超自然については占星術者だって知らないのだから。（もっとも、もし魔法に「法則」があったら、魔法と言えない。）

占星術をけなすのはこれくらいにしよう。占星術批判が本章の目的ではない。むしろその逆だ。近ごろ、科学至上主義にこりかたまった連中の偏狭さにすっかりうんざりしているのである。占星術を信じる人間は知性に欠けるとある数学者は言う。たまたまわたしが知っている何人かの占星術信奉者も、総じて知性にあふれているとは言いがたい。でもだからといって、占星術を信じることが知的でないとは思わない。だいたい不合理な信念と知性とは別だ。迷信だって、かならずしも知性のなさの証拠ではない。知性あふれる人で迷信をもっている人（平気でそれをみせる人もいれば抑制している人もいる）を何人も知っている。近ごろは迷信を認めることがはやっていないので信じるものかと自分に言いきかせている人が多いが、だからと言って迷信が消えるわけではない。抑制したためにかえって不安が大きくなるということもある。

十三日の金曜日には旅行しない純粋な迷信家がいる。また一方では、十三日の金曜日には旅行をひかえる迷信家を軽蔑する、理性的かつ科学的な人間がいる。こういう人間は十三日の金曜日でも旅行するが、突然不安にかられたりする。それは知性に欠けるからだ、とかんたんに言えるだろうか。

迷信はさておき、宗教を考えてみよう。来世なんて信じないと、理性的、意識的には思っていても一生地獄を恐れながら暮らしている人がいる。そんな人間は愚か者だとかたづけられるものだろうか。パスカルは天国と地獄の存在をつねに意識していたではないか。パスカルの時代ならともかく、近代科学によって哲学的に啓蒙されている今日、天国と地獄の存在を信じるなんて愚の骨頂だって？　そう思う人こそ知性に欠けていると言うべきではないだろうか。

フロイトが大嫌いな心理学者の知人がいる。かれはある共通の友人のことを「ぼくをのぞけばもっとも知的な人間」と賞讃していた。しかしその友人が熱心なカトリックであると知ると、とたんに態度が変わった。そしてがっかりしたように「知的な人間が神の存在など信じられるはずがない」と言った。わたしは反論した。たとえ信仰が誤解にもとづいていたとしても、即、知性のなさには結びつかない。催眠中に受けた暗示に従ったとしても知性がないとは言わないではないか。子どものころ受けた宗教教育もこれに似た心理作用があるのではないか、と。さすが心理学者だけあってこの説明には納得し、カトリックの友人の名誉は崩壊せずにすんだ。

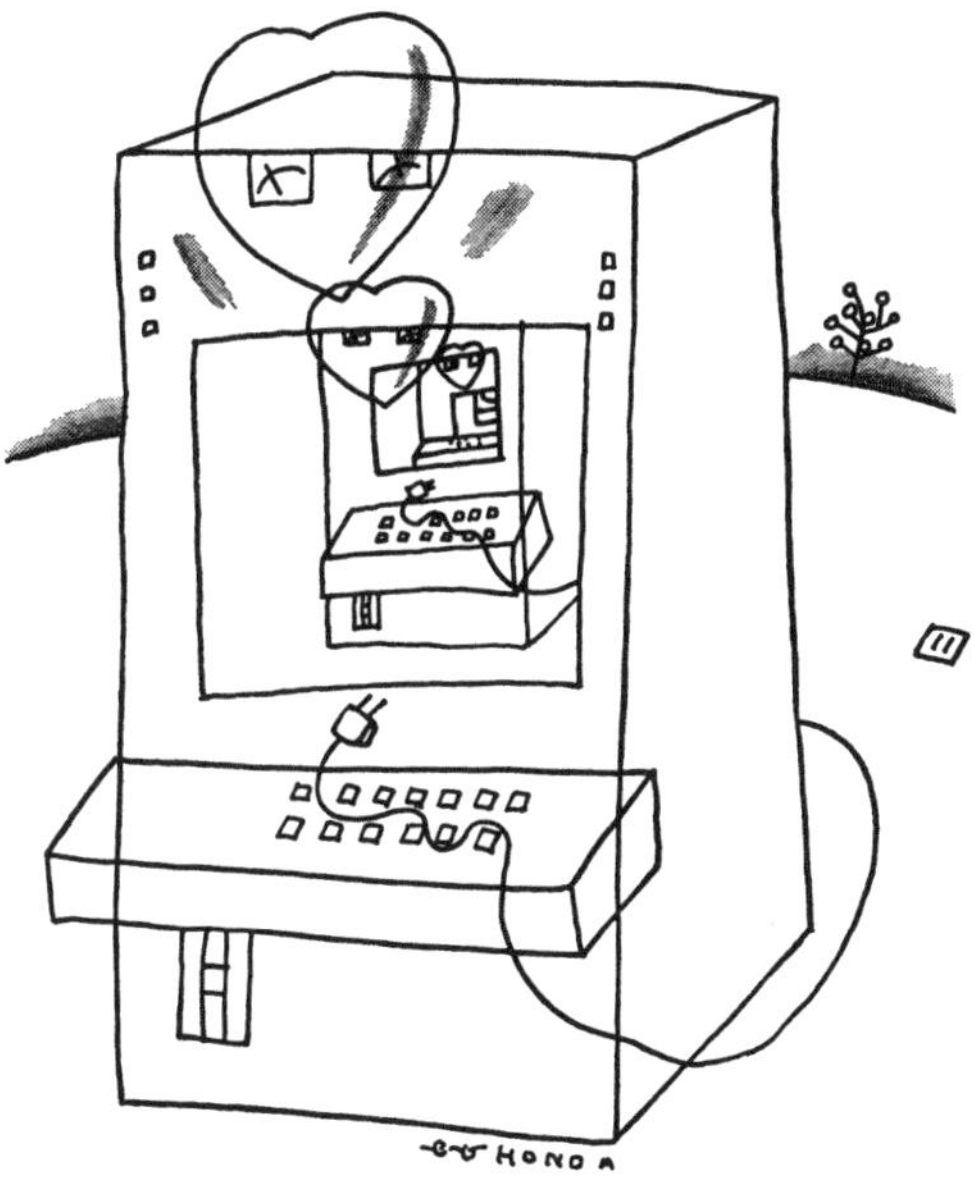
HONDA

宗教や迷信など、理屈を超えたさまざまな信念に対する知識人の偏見には驚くばかりだ。ところが、不合理に対してもっとも厳しい人は、かならずしももっとも理性的な人ではない。自らの不合理を抑制して、自分は理性的であると空いばりしているにすぎない。

占星術に関しても同じようなことが言える。知的な人間が占星術を信じられるはずがないと言っていた数学者の知人は、一方で占星術は有害で科学の進歩を妨げると憂慮していた。星占いに従った結婚がいい例だとかれは言った。しかし、占星術にもとづいた結婚のほうがいわゆる理性的な思考にもとづいた結婚より失敗率が高いという統計はない。どちらかと言えば、むしろその逆ではないかという気さえする。星占いが結婚の成功を保証してくれたと信じる新婚夫婦はうまくいくつもりになっている。そのうまくいくつもり、つまり仲良くやっていけるはずだという信念こそ、結婚の成功の可能性を高めるのではないだろうか。このような人たちにとって占星術を信じることは幸福につながるのだ。友人はこの反論に苦笑しながらも、やはり占星術はばからしく有害であるという考えを捨てようとしなかった。そして最後に「だいたい君は寛容すぎる」と言った。

さてここで少々脇道にそれて、寛容性についてひとこと言わせてもらいたい。「あまり寛容すぎるのもよくない」という発言に対して、わたしは寛容になれない。（わたしのこの点に関する厳格さをかれは評価してくれるかしら！）　だいたいにおいて、自分はかなり寛容な人間だと思っている。ただ不寛容さ（厳格さ）にだけはいまだに寛容になれない。厳格さに対しても寛容にならなくてはと自分に言いきかせてはいるのだが。せめて不寛容さに寛容になれない自分に対して寛容になりたいものだ。

本題に戻る。わたしは占星術を信じない。しかしもし占星術を信じるのと占星術などけしからんという態度のどちらかを選ぶならば、迷いなく前者を選ぶ。

これまで、たとえ占星術が不合理だとしてもそれに対して不寛容なのはよくないと主張してきた。しかしいったい占星術はそんなに不合理であろうか。前にも言ったように引力説や周波説は科学的根拠と言いがたい。物理学に少しでも通じている者ならそのいいかげんさがわかるはずだ。

わたしの「魔法説」は冗談としても、似非物理学的な説よりはまだましだ。では物理学的な作用も魔法も認めないとすればいったいなにが残るのか。

それはひょっとするとユングが共時性《シンクロニシティ》とよんでいるものなのかもしれない。西欧科学の因果法則にどっぷりつかった人間にこの概念を説明するのはひじょうにむずかしい。共時性《シンクロニシティ》理論は因果法則とけっして矛盾はしないがかなり異なることは確かだ。もっと深く研究していけば将来、因果法則にもとづいた近代西欧科学にとってかわる驚くべき科学の基礎となりうるかもしれない。

ふたつの出来事の共時性《シンクロニシティ》とは、一方がもう一方をもたらすのでなく、両方がいわば共通の原因によってもたらされることを意味する。

共時性《シンクロニシティ》理論を占星術にあてはめてみればこうなる。生まれたときの天体の配位とその人の性格との間に重大な相関関係があるとすれば、それは天体自体が人間の性格に影響を及ぼすのではなく、そのときの天体の位置を生みだしたもろもろの状況が、そのときにその人間の誕生をもたらした状況と同一であるということだ。

ここにある禅師の逸話がある。師は桜が満開の庭で瞑想にふけっていた。突然殺気を感じて師がふり返ってみると、そこには小僧以外だれもいなかった。師は自分の直観を信じていた。それまで殺気を感じたときはかならず実際に身の危険があった。師は自分の部屋に閉じこもって考えこみ、食事にも出てこなかった。心配して様子を見にきた者に庭での出来事を話すと、たちまち寺じゅうにその話が広まった。やがて小僧がふるえながらやってきて告白した。

「庭で思いにふけっておいでになるのを見ていましたら、つい、師の剣の腕をもってしても、もしこの瞬間うしろから襲ったならば師は身を守れまいと思ってしまいました。このわたしの密かな思いを師はお感じとりになったのでしょう。」

小僧は当然罰せられると思ったが、なんのおとがめもなかった。師は謎が解けてほっとしたのだ。

読者はこの話をどう思うだろうか。論理的にありえないと言うかもしれない。ではまったく偶然だろうか。わたしはそうは思わない。だいたいまったくの偶然などというものはない。ありきたりの説明はテレパシーだろうが、わたしはテレパシーの存在を断じて否定する。[*01] 唯一ありうるのは共時性《シンクロニシティ》の説明だ。つまり、禅師が殺気を感じるのと小僧が攻撃を考えるのとに共通の根拠があるということだ。その前にふたりが交わした言葉やそのほかの出来事が、ふたりの頭に平行する考えを植えつけたのかもしれない。
わたしがこの話をはじめて読んだとき、ユングの共時性《シンクロニシティ》理論について知らなかった。にもかかわらず、この話を読んですぐ頭に浮かんだのが平行思考ということだった。したがって、ユングの考えに出会ったときはとりわけうれしかったわけである。このことをある数学の論理学者に話したところ、奇妙なことにかれはテレパシーのほうがまだ信じられると言った。科学的思考能力をもっていながら、安易にテレパシーを信じる気になっている人がなんと多いことか。これまで一見テレパシーのはたらきのような出来事に何度か出くわしているが、どれも平行思考で説明がつくようなものだった。[*02]
テレパシーはともかく、占星術はもっとずっと大がかりな共時性《シンクロニシティ》理論をもってしか説明しようがないだろう。「宇宙的知性」といった仮説をもちだせばどんな奇抜な共時性《シンクロニシティ》もありうる。しかしそのような仮説がない現在、占星術を共時性《シンクロニシティ》でとらえようとしたところで謎だらけである。それはぞくぞくするほどおもしろくもあり、また空おそろしくさえある。
いずれにせよ、わたしが占星術に興味を感じるのは将来、共時性理論を試す場となりうると思うからである。いまのところ、占星術者[*03]のほとんどはまやかしだと思う。科学的因果的根拠がないからではない。星位と人間の運命の間に重大な関係があり、それがなんであるかわかっているような顔をしながらその関係を客観的に証明しようとする気もないからだ。なかには立証すべくデータを地道に集めている正直な占い師もいる。「科学的占星術」とでもよぼうか。かれらの仕事には期待したい。

将来占星術は重要な科学になるかもしれない。したがってわたしは、多くの経験主義者のように占星術を軽く拒否することはできない。いずれにしても占星術は謎につつまれていて魅力的だ。

39 禅的なこと二題

これから紹介するふたつの話は一見対照的だが、理屈を超えたもっと深いところでの共通点がある。もっと具体的に説明したいところだがわたし自身これ以上わかっていない。

第一話は、わたしの大好きな禅師、盤珪にまつわるものだ。盤珪は小さいときから死をひじょうに恐れていた。三歳のとき、悪いことをするたびに母親が罰として盤珪を死で脅かしたという。母親は死を思い出させるだけでなく、自ら死んだふりをして驚かせた。おびえた盤珪がすぐ「いい子」になったことは言うまでもない。盤珪が禅に傾いていった要因のひとつはこの死に対する強烈な恐怖だったと思われる。青年になり僧院に入った盤珪はすすんで苦行に身を投じた。坐禅をしすぎて床ずれができ、おできに悩まされた。禅の修行に自己鍛錬は欠かせないが、盤珪の場合は鍛錬を超えて強迫感で行動していたかの感さえある。それを「選んだ」というより、死の恐れに「駆りたて」られていたのではないだろうか。結局苦行にはげみすぎて病気になってしまった。そして一時は死にそうになるが幸い回復する。熱にうなされている頭で盤珪は悟りを開いた。「自分は生まれてさえいない。だから死ぬわけもない」と突然ひらめいたのだ。これが不生不滅の認識だ。

第二話にいくことにしよう。あるときある人が禅師に「死んだらどこに行くのですか」ときいた。師はこう答えた。「おそらく地面の中によこたわり、身を天に向けているだろう。」

第二話は第一話とは逆のことを言っているようだがどちらも死の非現実性を示唆している点で共通している。（ことわっておくが、わたしは死が非現実的であるという考えを弁護するためにこの二話を引き合いに出したのではない。）　盤珪の話は一目瞭然だ。盤珪自身、自分は生まれていないと言っているのだから。もちろん盤珪はわたしや読者同様、自分の肉体が母親の子宮からあるときあるところで生まれたことを知っている。にもかかわらず、自分はいまもって生まれていないと断言している。つまりかれは自分と自分の肉体を同一視《アイデンティファイ》していないのだ。かれの肉体は生まれたがかれは生まれていないということだ。こう解釈すると盤珪の気持はじつによく理解できる。わたし自身、自分が明らかに時間の経過を経験しているにもかかわらず、時間の外にいるような気分になることがよくある。まるで時間の外から時間の流れを傍観しているような気分だ。だから盤珪がどう感じているかよくわかる。（感じていたと言わずに、感じているとあえて言ったのには理由がある。）

第二話の心理的効果も同じようなものだが、第一話ほどわかりやすくはない。第二話の禅師は自分と自分の肉体を完全に同一視しているかのように見える。死後どこへ行くのかという問いに対し、自分の肉体の行きつくところを答えている。それにもかかわらずやはり死の非現実性を感じさせるのはなぜか。わたしなりにその理由を推測してみよう。

まず、禅師の答はややショッキングである。魂とか来世を信じていない人でもなかなかここまでは言わない。せいぜい「死んだら存在しない」とか「自分はなくなる」とか「消滅する」とか答えるだろう。（ところで「消滅」とはなんと薄気味悪い言葉なんだ。だいたい魂が消滅するとはどういうことなのか理解に苦しむ。）

少し脇道にそれるが、「死んだら存在しなくなる」というありきたりの反応について若干述べたい。「魂」など信じていないと主張する自称「唯物論者」が「死んだら存在しなくなる」と言うのを聞くと不思議な気がする。いまは存在するが肉体が死ぬと存在しなくなるということか。いま存在し肉体の死によって存在しなくなる「かれ」とはいったいなんなのか。かれの肉体でないことは確かだ。肉体は死体として――たとえば地面の中に身を天に向けて――しばらくは確実に存在しつづけるのであるから。「いま存在し将来存在しなくなる〝あなた〟とはなんですか」と唯物論者にきいたら、かれはたぶんこう答えるだろう。「わたしの意識だ。わたしの意識は純粋に肉体的なものであり、いまは存在するが肉体の死とともになくなる。」意識は物質と物質の関係にほかならないと、ある唯物論者はわたしに語った。かれによれば、人間の意識はエンジンの動きのようなもの。「エンジンを切ったあと、エンジンの動きがどこへ行ったかときくのがナンセンスなように、人間の意識が死後どこへ行くかときくのもナンセンスだ。動きはどこへも行きやしない、止まるだけだ」とかれは言う。

意識をモーターの動きにたとえるのが妥当かどうかわからない。わたし自身はそう思わない。また、意識とは「関係」であるという説もいただけない。関係は抽象的なものだが意識はそうではない。意識ほど実在感のあるものはほかにあまりない。ただし、死んだとき意識がどこかに行ってしまうわけではないという考えは的を射ている。では意識は肉体があるところにとどまるのか。いやそうではない。どこかへ行くとかとどまるとかいう言葉は意識にあてはまらないのだ。

驚くべきことに、徹底した純粋唯物論（残念ながら多くの自称唯物論者の哲学はこれと異なる）も死の非現実性を示唆している。魂などないのだから肉体以外のものの死もないというわけだ。ここでいう死とは生物学的な死ではなく、精神の死――もしそんなものがあるならば――である。「もしそんなものがあるならば」と言ったのはそんなものはないという考え方もあるからだ。

一方、カトリックをはじめとするキリスト教徒の多くは、「魂」または「霊魂《サイキ》」が存在し、肉体の死後も生きのびると信じている。もう一方の極として東洋の輪廻の思想がある。輪廻を信じるものにとっても死は非現実的である。

しかしもっと興味をひかれるのは、魂が肉体の死後も生きのびるという信念にもとづかないで、はじめから魂も霊魂《サイキ》もないのだから精神の死は現実的でないと思っている人たちだ。奇妙なことに、純粋な唯物論者も一部の哲学的仏教徒もこの部類に属する。「私」あるいはエゴ、もしくは西欧の宗教で「魂」とよばれているものを否定している仏教の宗派もある。デヴィッド・ヒュームも同じ考えだった。

ところで、第二話に出てくる禅師の答がなぜ死の非現実性を強く示唆しているのかという謎はまだ解けていない。師は自分と自分の肉体を同一視し、滅びる「魂」など信じなかった、という解釈も表面的すぎてぴんとこない。「死んだらおそらく地面の中によこたわり、身を天に向けているだろう」という言葉から、肉体は確かにそこによこたわっているが、師はそのそばから肉体を観察しているという印象をわたしは受ける。つまり、師は自分と自分の肉体をけっして同一視していなかったのだ。師はあたかも全宇宙と、あるいは全宇宙を観察するなんらかの宇宙意識とアイデンティファイしていたという気さえする。

師の言葉にわたし自身の考えを投影している可能性はある。じつは、師はなにともアイデンティファイしていなかったのかもしれない。そのほうが禅師にふさわしいと言えばふさわしい。（だいたい、アイデンティフィケーションには、アイデンティファイする主体と、される対象の二者が必要だ。）師はたんに事実を述べたのであって、形而上学的含みはぜんぜんないのかもしれない。師の言葉になんの意味もないことだってありうる。鐘をたたくと音が出るように師は質問にとっさに反応しただけなのかもしれない。（鐘はその音でなにかの意味を伝えようとしているわけではない。）意外にこれがいちばん真実に近い!? もしそうならば、この話全体がこじつけだったことになる。

それにしてもこの話は死の非現実性を思い起こさせる。なぜだろう。

40 盤珪にまつわる話

盤珪禅師にまつわる逸話をふたつ紹介しよう。いずれも盤珪と日蓮宗の僧とのやりとりで、一見酷似しているが言わんとしていることはぜんぜん異なる。

第一話

盤珪の講義は評判高かった。盤珪は教典を引用したり学問的な議論にふけることはけっしてなかった。心のこもったかれの言葉は聞く者の心にじかに語りかけ感動を与えずにおかなかったのである。かれの講義には禅宗徒だけでなく、あらゆる地位、あらゆる宗派の人びとが聞きにきた。その中には日蓮宗の信徒も少なくなかった。あるとき、門徒を盤珪に取られてしゃくにさわった日蓮宗の僧が盤珪を論破しようと意気ごんできた。かれは盤珪の話を聞いていたが、いきなり立ちあがり盤珪に向かってこう言った。

「あなたを尊敬する人はたしかにあなたの言うことに従うだろう。でもわたしのようにあなたを尊敬しない人間はどうか。わたしを従わせることはできまい。」

「わたしの横に来ればあなたを従わせてみせよう」と盤珪は答えた。

日蓮宗の僧は得意気に人びとをかきわけ盤珪のところにやってきた。

「わたしの左側にいらっしゃい」盤珪はにこにこしながら言った。

僧がそれに従って左側に行った。

「いや右側のほうが話しやすいからこっちにいらっしゃい」と盤珪は言った。

僧は右側に移った。

すると盤珪はこう言った。

「ほら言ったとおりでしょう。あなたはわたしに従ったではありませんか。あなたはものわかりのいい人だ。さあ座ってわたしの話を聞きなさい。」

ここでは服従がテーマになっている。この話をするたびに、かつて友人にいっぱい食わされたことを思い出す。友人は「君のこぶしをあけてみせる」と言った。それでこぶしをつくると「ちがうちがう、親指は中に入れるんだ」と言うので、手を開いて親指を中に入れ、握りなおすとかれはこう言った。「ほらごらん、手を開いたじゃないか。」読者もやってみるがいい、まずかならずといっていいくらいひっかかるから。[*01]

この逸話はまた、イソップの風と太陽の話とも共通点がある。北風と太陽は力くらべをするために、どちらが旅人の外套を脱がすことができるか競い合うことになった。まず北風が嵐を引き起こして強い風で外套を吹きとばそうとした。しかし旅人はますます外套をしっかり身に引きよせるばかりである。とうとう北風は力尽きてあきらめた。つぎに太陽がじりじりと照りつけた。旅人は汗びっしょりになり暑くてたまらずとうとう外套を脱いだ。

僧が盤珪に「自分を服従させることはできまい」と挑戦したとき、自分の意志に反してという意味で言ったのだ。しかし盤珪は「あなたの意志に反して服従させてみせる」とは言わなかった。盤珪は実際に僧を服従させたわけだが、そのやり方は旅人に「自分からすすんで」外套を脱がせたイソップ寓話の太陽のそれに似ている。

これこそタオイスティックな服従だ。タオイスティックな政治下では、賢い支配者は人びとが自主的に自分たちのためになることをするようしむける。「真の賢人の支配下ではよいことが為される。しかも人びとは〝自分たちで為し遂げたのだ〟と誇る」と老子は言っている。これはまさに政治における無為である。（政治に関しては荘子より老子のほうが関心をもっていた。）

自主的な服従を得る無為の方法（B・F・スキナーに通じるなにかがある）は、タオそのものの方法なき方法にほかならない。といってタオはそれを意識しているわけではない。タオは目的をもって作用するのではなく、自然発生的に作用する。老子ならこう表現したかもしれない。

タオはけっして命令しない
なぜなら、人びとは
すすんでタオに従うから

タオとは対照的に、ユダヤ・キリスト教の神は命令する。だからこそ、従わない者が出てくるのだ。

第二話

こちらでは服従でなく理解がテーマだ。第一話と同じ設定だが、こちらの日蓮宗の僧はけんか腰ではない。かれは盤珪に「あなたのおっしゃることが理解できません」と言う。それに対し盤珪は「では壇上へ来れば理解させてみせましょう」と言う。僧が壇上に登ると、盤珪は自分の左側に、それから右側に来るよう指示した。それに従った僧に向かって盤珪はこう言う。

「ほれごらん。あなたはわたしを完全に理解している。さあ座ってわたしの言うことを聞きなさい。」

第二話のほうが微妙かつ意味深であるとともに気になるなにかがある。論理家はこう反論するかもしれない。「〝壇上に上がれ〟、〝右に行け〟〝左に行け〟といった指示を理解できたからといって盤珪の説教を理解できなかった事実はくつがえされない。」かれが日蓮宗の僧の立場にあったらこう答えていただろう。「もちろんあなたがいまおっしゃったことはわかります。でもさっきのあなたの話はいまもって理解できません。」

論理的な分析としては悪くない。しかしまだまだ掘り下げが足りない。この話にはまだなにかがある。そのなにかを理屈で説明するのはむずかしいが、僧が壇上にあがった行動に示される理解は、説教の理解よりずっと根本的で重要だと盤珪は言いたかったのではないだろうか。さらに微妙な解釈をつけ加えるならば、「あなたのおっしゃることが理解できません」と言った僧の反応は自然発生的だということだ。その意味で、盤珪の言葉におもわず従い、無意識に壇上にのぼった即物的な反応と同じように、かれの返答も本質的な理解を示している。このような、本質的、即物的理解こそ重要なのだ。

この話にはもっといろいろな意味があると思う。しかしいまのところそれについて語る術を知らない。

41 禅的幻想譜

禅師――わたしは杖をもっている。しかれども杖をもっていない。これをどう説明するか。

新参のユダヤ教の求道者――そんなことを説明する気はありません。

師――生意気言うな。悟りを開きたいのならこの問いに真剣にとりくめ。

新参者――わかりました。では、ある見方をすれば見えるけれど別の見方をすれば見えないということではないですか。

師――いや、ぜんぜんちがう。まったく同じ見方をしても杖があり、また杖がないのだ。さあ答えたまえ。

新参者――わかりません。

師――あきらめてはいけない。全身こめてこの謎を解くのだ。

新参者――あきらめるべきか否かについて師と議論する気はありません。わたしはあきらめる――それは実存的事実なのです。

師――では悟りを得たくないのか。

新参者——悟りは得たいです。でもそのために「杖をもっているがもっていない、なぜか」なんていうばかばかしい問題を考えなければならないのでしたらもう結構です。ご期待にそえなくてすみません。さようなら。

十二年後

新参者——先生、わたしは悔恨に満ちて戻ってまいりました。あれから十二年、あのときのわたしの臆病さと気短さを思い出すごとに自己嫌悪にさいなまれてきました。もはや人生から逃避しつづけることはできないとやっと気づきました。いずれは宇宙の究極的な問題に直面しなければなりません。今度こそ、心を決めて師が出された問題にまじめにとりくむつもりです。

師——はて、いったいどんな問題だったかな。

新参者——杖をもっているがもっていない、これはどういうことか、という問題でした。

師——そんなことを言ったっけ。ばかなことをきいたもんだ。

42 われわれが理解できないわけ

われわれがおうおうにして禅の言葉を理解できないのは、アプローチが知的、理性的すぎるからだと言われる。直観的に把握するのでなく、理屈でわかろうとするからいけないというのだ。たしかにそうだ。しかしそれ以前の問題のこともある。つまり、つまらない誤訳のために理解できないことも少なくない。例を出そう。

ある訳者は「老子」の出だしをこう訳した。

タオが可能なタオは
真のタオではない

これを理解しろといっても無理な話だ。誤訳のもとは、「タオ」という字の意味のとりちがえである。中国語の「道《タオ》」という字には、いろいろな意味があるが、そのひとつは、「語る」という意味だ。したがって正しく訳せば、「語ることのできる道《タオ》」、または「名づけることのできる道《タオ》」、「説明できる道《タオ》」はほんとうの（永遠の）道《タオ》ではない、となる。これならよくわかる。「道《タオ》が可能な道《タオ》」では、さっぱりわからないのが当然だ。

訳者が重要な背景をはぶいてしまったために意味がつかめないということもある。たとえば「仏とはなんですか」という問いに対し、「三斤の麻」と禅師が答えた有名な話がある。

これだけ読んで理解した気になっている人はほんとうはぜんぜんわかっちゃいない。はなはだしい勘違いをするくらいなら無視するほうがましだ。だからわたしはこの話をずっと無視してきたのだが、最近になって納得できる解釈に出会った。それによれば師は質問されたとき亜麻を紡いでいた。そして紡ぎながら「仏とは三斤の麻以上のなにものでもない」と答えたというのだ。つまりタオは平常心であり、神は万物に宿り、仏はすべてである。だから三斤の麻もまた仏である。これならぴんと来る。

禅の逸話を理解できない原因はわれわれにもある。禅師が口を開けばかならずや深い意味のあることを言うにちがいないと思いこんでいる。それがなんであるかわからないと、なにか重大なことを見すごしてしまったと思ってしまう。はたして師の言葉にはつねに意味があるのだろうか。ドラを打てば音がするが、その音に意味があるだろうか。

人間をドラにたとえるのがいやなら人間にたとえてもいい。ふたりの心理学者が道ですれちがったとしよう。ひとりが「こんにちは」と言った。するともうひとりは「いったいどういう意味でこんにちはと言ったのだろう」と考えこむ。人の言う言葉すべてに意味を見出そうとする人はこの話の心理学者と変わらない。

禅師の言葉にしてもしかり。つねにその裏に深い精神的な意味を見出そうとほじくりまわすと理解できない。打たれたドラの音のように、話されたコンテクストの中で自然に出た反応としてみればよいのだ。禅師の答に深い精神的な意味がないとは言っていない。しかし、その意味はかならずしも師が意図したものではないだろうし、師もその意味に気づいていないこともあるだろう。ドラと同じだ。ドラの響きには深い精神的な意味があるかもしれぬが、ドラ自身それがなんであるかわれわれに語ることはない。

では、ある有名な話で本章を終えることにしよう。本章のテーマにぴったりの話だ。ある男が師にたずねた。「現実の本質は究極的にはなんでしょう。」 師は答えた。「あそこの柱に聞いてごらん。」「先生、おっしゃる意味がわかりません。」「わしにもわからん。」

43 魂は不滅か!?

禅の求道者——先生、魂は不滅でしょうか。肉体が死んだあとも生きのびるのでしょうか。それとも消滅するのでしょうか。人間が生まれ変わるってほんとうですか。魂は一度分裂して、ふたたび新たな魂を構成するのですか。それともひとつのまとまりとして別の生物体に入っていくのでしょうか。そのときわたしたちの記憶は残るのですか。それとも、生まれ変わるという考え自体がまちがっているのでしょうか。キリスト教では死後に肉体も復活するとしていますが、こちらの考え方のほうが正しいということはありませんか。それとも魂は純粋に精神的な領域に入るのでしょうか。

師——朝めしが冷えるぞ。

44 おわかりかな？

禅林句集の中にこんな一句がある。

なにもせずに静座していると
春が来て草は自然に育つ

ここでちょっと中断して、こんな句をつけ加えてみたいと思うがどうだろう。

なにかをしながら
いらいらして立っていると
春は来る
でも草は育たない

いや、せっかくの美しい句が台無しになってしまうからやめよう。つぎの句に行こう。

雁はおのれの姿を
水に映そうとしているのではない
水は水で意識して
雁を映そうとしているのでもない

もう一度中断させていただく。この句を読むと仏光国師の深遠な言葉を思い出す。

まもるともおもはずながら小山田の
いたつらならぬそほづなりけり

禅林句集に戻ろう

老いた松の木に知恵があり
野鳥の鳴き声に真実がある

「野鳥の鳴き声に真実」の一行のリアリズムにはドキッとする。この一行にこそ真実があると言えそうだ。

禅師のもとに弟子入りして、悟りを開こうとはげんでいる儒学生がいた。あるとき弟子は不満げにこう言った。「先生はじゅうぶんに説明してくださらない。大事な手がかりを出しおしみしていらっしゃる。」師はなにも隠していないと答えた。その後ふたりが山道を歩いているとき、師は弟子に「モクセイの香りがわかるかね」ときいた。弟子が「はいもちろん」と答えると師は言った。「ほらごらん、わたしはなにも隠していないではないか」

この話を頭のきれる数学者の友人に話したところ、ぴんと来ないという。しようがないからぎこちない言葉で西洋風に解説した。つまり弟子は、真実とは師から授けられる奥義のようなものだと思っていた。しかし真実は感覚にじかにうったえるものの中にある。タオとは平常心である。師が隠していると思いこんでいた超越的なものとはみんな目の前にあるものであり、師が出しおしみできるようなものではない。もし師が弟子の目を見えないようにしたり耳を聞こえないようにしたりして正常な感覚機能を妨げたのであれば、師は貴重なものを隠したと責められてもしかたあるまい。しかしじっさいはそんなことはしていないのだから、隠しているという非難には根拠がない。

友人はなんとなくわかりかけたようだった。そこでわたしはつぎの詩を紹介し、その背後にある考えは前の話と同じだと言った。（これほど啓示的な詩をほかに知らない。）

鳥が梢で唄うとき
その声は大祖の教えを伝える
山の花が咲くとき
その香とともに
真の意味が伝わってくる

友人は興奮して言った。「ぴんと来た。この詩を先に読んでくれれば前の話もすぐ理解できたのに。」

45 サトリ

東洋の宗教や神秘主義や哲学には「悟り」という基本的な考えがある。キリスト教における救済と無関係ではないのかもしれない。キリスト教の「救済」のせめてもの長所は概念としてきわめて明快なことだ。キリスト教によれば――少なくとも古典的なキリスト教では――われわれを創造した人格神が存在する。この神は現世のわれわれの行ないに対し来世で罰したり報いたりする。もし行ないがよければ救済され、魂は天国に行って永遠の幸せをつかむことができる。信じるかどうかは別にしてこの概念はじつに明快である。当世のキリスト教（たとえばC・S・ルイスの主張するキリスト教）には、救済や断罪は、神の報いや罰であるというよりむしろわれわれが自ら選んだものだという見方がある。つまり、自分たちの行為の結果として必然的にもたらされるものとみなしているのだ。（この点はインドの業《カルマ》の概念にひじょうに近い。）

これに較べると東洋の悟りの概念は曖昧だ。もっとも、すでに悟りの境地にある人や悟りかけた人にとっては明快なのかもしれない。また、同じ東洋の宗教でも、人間は死後生まれ変わると言葉どおりに信じているような信仰では、悟りもしくは涅槃はかなりはっきりしたものだ。何度か生まれ変わるうちにいいカルマをじゅうぶん累積していけば、輪廻（サンサーラの輪）から解かれ、現世のような、悪と苦しみだらけの世界に生まれ変わらなくてすむというのだ。正しいか正しくないかを別にして、とてもわかりやすい。

わたしがここで問題にしたいのは、もっと「意味」が曖昧な——少なくとも西欧の理性的科学的立場から見ると曖昧な——悟り、またはそれに相当する概念である。「タオとの調和」もその一例だ。いにしえのタオイストに「タオとの調和とはどういう意味ですか」ときいたとしたら、きっとタオイストは優しく、しかし悲しげに微笑むだけでなにも言わないだろう。李白の詩につぎのようなすてきな一句がある。

どんなつもりで奥深い山にすむのかと
たずねる人がいるが
わたしは笑って答えない

禅師に「悟りとはなんですか」ときいたらどうだろう。師は微笑むかもしれないし顔をしかめるかもしれない。また「川は流れつづける」と謎めいたことを言うかもしれない。あるいは、いきなり棒でぶたれるのがおちかもしれない。

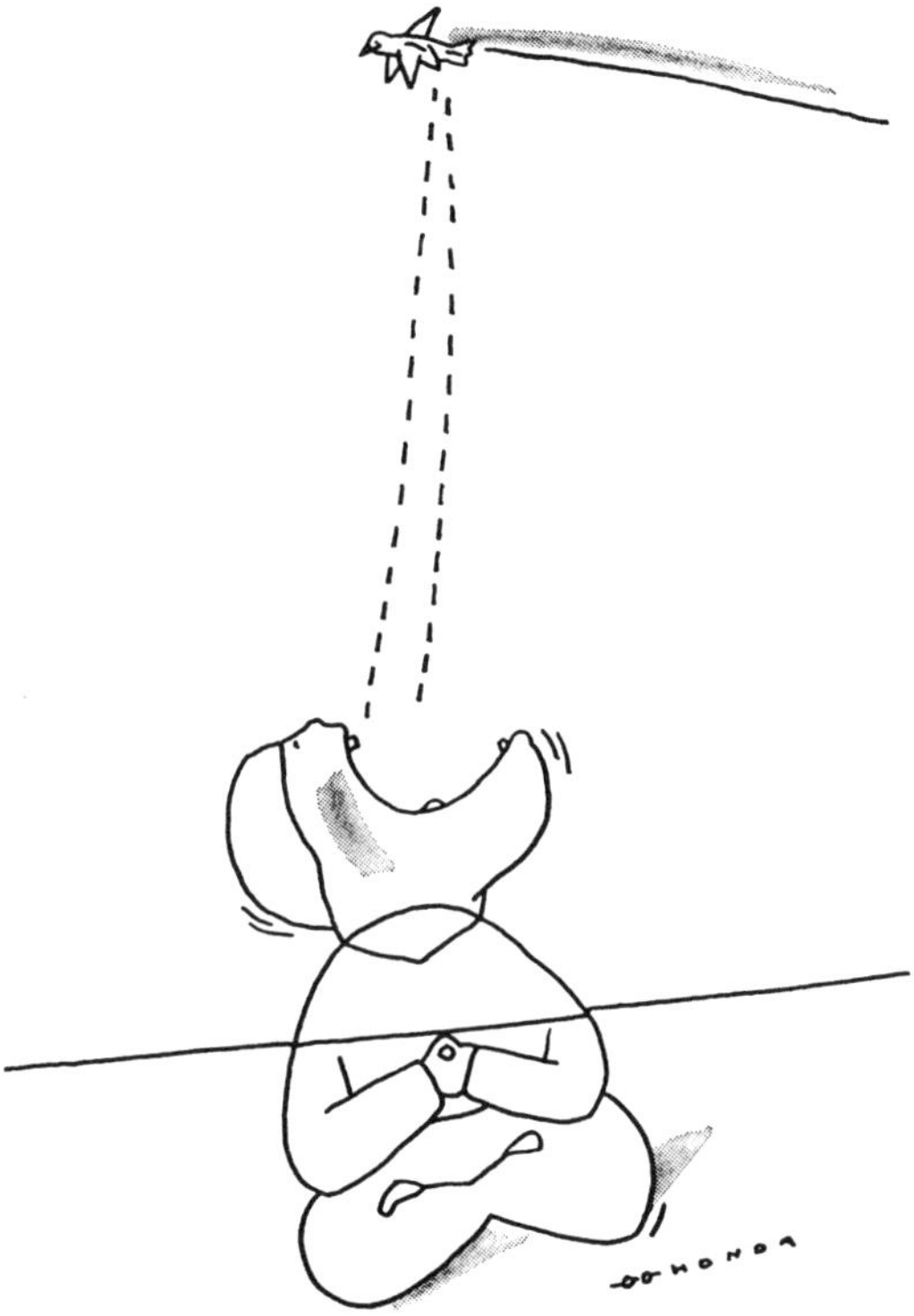

どれにしても悟りの本質をそれなりに語っているのだが、西欧の合理主義的科学的見地からすれば不じゅうぶんだろう。しかし悟りとは言葉で言い表せるようなものだろうか。「自分が生まれる前の本質を見ること」とか「生まれる前のほんとうの顔を見ること」とでも言い換えることが少しでも手がかりになるだろうか。この点ではいわゆる専門家の間でも意見が分かれているようだ。[*01] 悟りの概念を言葉で言い表すことはどだい無理であり、悟りがなんであるかは悟りを得た者にしかわからないと言う者もいれば、言葉は正しい方向を示唆することぐらいならできると主張する者もいる。

残念ながらだれもわたしの意見など聞きに来てくれないが、わたしはこう考える。もちろん言葉も手がかりにはなる。しかしはじめから悟りなどうさん臭いと思っている人間には効果がない。悟りという言葉を聞くとたんにいらいらして敵愾心をむき出しにする人が多いのには驚く。なぜだろう。悟った人間に対する嫉妬心か、悟りというすばらしい境地に達することができない焦りと、のけ者にされたひがみだろうか。いずれにせよ、かれらは悟りなどくだらないとかたづけようとする。また懐疑論者は怒って言う。「もし悟りという言葉にほんとうに意味があるなら、それをまず定義してもらおうじゃないか。」

しかし前にも言ったように、敵愾心のある雰囲気の中ではいくら誠意をこめて語っても正しく伝わらない。これだけはどうしようもない。悟りの概念を理解しようという気のある人なら、すぐとはいかないにせよ伝える自信はある。しかし、はじめっから受け入れる気のない人間には何億年かけても、いかに多くの言葉を尽くしても伝わらないだろう。どんなに語ってもその人にとってわたしの言葉は川のせせらぎにしか聞こえないだろうし、その言葉が無意味であるという理屈を並べたてるだろう。ところが皮肉なことに、川のせせらぎこそ悟りに近いのだ。

46 夕涼み

身の上の鐘ともしらで夕涼

これは一茶の句である。同じ一茶の作につぎの句がある。

身の上の鐘としりつつ夕涼

この二句についてブリスはつぎのように書いている。[*01]

これら二句には平凡な人間と悟った人間のちがいが表されている。どちらも鐘の音が人生のまた一日の終わりを告げていることを認めている。悟った人間は鐘の音に、吸う息に、夜の涼しさの中に、すべてのはかなさを認識している。悟った人間のみが涼しい夜のはかなさに真実を感じる。悟っていない人間にとって、涼しさの感覚と、すべてつかのまであるという思考とは相反するものである。

最後の文章には賛成だが、わたしはむしろ前の句のほうが悟りの境地を表していると思う。だいたい、鐘の音が過ぎ去る人生を告げるというのからしておかしい。鐘の音を徐々に消えゆく命の炎に結びつけること自体、意識しすぎで悟りからほど遠い証拠だ。

わたしはこう考える。まったく悟っていない人は死を信じ、しかもそれは悲劇的なものだと思っている。少し悟りかけている人は来世を信じている。もう少し悟った人は来世は信じないが、死は悲劇的なものではないと思っている。もっと悟った人は、死をぜんぜん信じていない。（生物学的現象としての死は別だが。）さらに悟りを開くと生も死もまったく幻であり、現象界では存在しても霊界では存在しないことを認識する。もっと悟ると生と死について語られたどんな言葉も真実とずれていることに気づく。

来世はあるかという問いに対して釈迦はこう答えている。

「〝来世がある〟と言っても当たっていないし、〝来世はない〟と言っても外れている。〝来世はあるかもしれないしないかもしれない〟と言っても真実から外れてしまっている。〝来世はあり、来世はない〟と言ってもどこかちがう。どれも真の問題――つまり救済――とは無関係である。」

かなり高度な悟りの境地に達すると生や死について考えること自体むなしいことがわかる。最後に、完全に悟った人はこの認識さえ超越し、たんに生と死について考えるのをやめてしまう。したがって、ほんとうに悟りを得た人は鐘の音を鐘の音として楽しむ。気どって生や死に結びつけたりしない。この意味で、わが家の犬たちはまさに悟りの境地にあると言える。かれらは何百万年かかろうと、鐘の音から「命はかなく」などといったばかげたことを連想しない。

わたしの心境は芭蕉のつぎの句に言い表されている。

稲妻にさとらぬ人の貴さよ

47 時が熟せば……

自分はどのようにして存在するようになったのか。宇宙はどうやって生まれたのか。自分は自分以外のものによって生じたのか。なぜ世界は存在するのか。なぜよりによって自分という人間が生まれたのか。母親の卵子が父親の別の精子によって受精していたら自分は存在しなかったのか。いったい自分はなんなのか。精神かそれとも肉体か。その両方かどちらでもないのか。自分に始まりというものがあったのか。終わりはあるのか。自分があって宇宙があるのか、その逆なのか。宇宙と自分は相互に依存しているのか。自分の存在は必然なのか偶然なのか。いったいぜんたいどうなってるのだ!

世の中にはこんなことを真剣に考えている人が多い。ここに登場する形而上学的理論家もそのひとりである。かれの前述のような問いに対して、道徳家をはじめとするいろいろな人がさまざまな反応を示す。

道徳家——何たる自己中心主義! 自分に関する問いばかりではないか。自分があって宇宙があるのか、だって? 思いあがりもはなはだしい。自分のことばかりでなく他人のことを心配すればこんなばかげたことに悩まされずにすむのだ。

実践家――同感だ。道徳的問題はともかく、君ほど才能ある人間が答のない問題に無駄な時間を費しているのは遺憾だ。人類が何千年間も悩みつづけ、それでもわからないような問題に頭を使うよりもっと有効な時間の使い方があるだろう。そんなこと考えるなと言っているのではない。だれだってときには考えるさ。わたしだって暇なときはそんな思いにふけることがある。でも時間の浪費だからすぐやめる。それでなくとも世の中にはすべきことが山ほどある。まともにはたらくことのできる人間が、だれのためにもならない空論に熱中するのは残念だ。

論理実証主義者――それらの問いは無益であるばかりでなく無意味ですらある。いまもって答が出ていないことも偶然ではあるまい。答えられるだけの知識をそなえた人間がいなかったのではない。むしろ質問が非現実的だから答がないのだ。だいたい構文としては質問の形をとっているが厳密に言えば質問になっていない。したがってそのような質問をする形而上学的理論家は、真実の探求者ではない。そこが純粋な科学者とちがうところだ。かれの提起した問題は、どちらかと言うと詩や芸術の分野に属する。形而上学とはかかわりない。哲学者のルドルフ・カルナップがいみじくも言ったように「形而上学者は音楽の才能のない演奏家」のようなものなのだ。

あまのじゃく――こんなばかばかしい話をだまって聞いていられるか！　形而上学者の質問は明快かつ重要だ。君のような実証主義者がどんなにかたくるしいことを言おうと、「意味」という言葉にどれだけ経験的基準を設けようと、形而上学の意義を否定する「証拠」をどれだけ並べたてようとかまわない。少なくともわたしの「意味」の定義からすれば形而上学的な質問が有意義であることは疑う余地がない。わたしの「意味」の定義を聞きたいだって？　無駄だ。君にわかるように説明することなんてできないさ。合理的な人間の立場として、形而上学的質問が有意義だとは認められないだって？　たしかに認めなければならぬ合理的理由はなにひとつない。意味を見出す者は見出すし、見出さぬ者は見出さない。それだけのことだ。見出さぬ者には「意味」の分析もかたくるしい言葉の解説も「意味」の基準も、なんの効きめもない。

形而上学者は、音楽の才能のない演奏家だって？　わたしはそうは思わない。もちろん形而上学は論理学でもないし科学でもない。それは形而上学者自身認めている。しかし科学や数学とはまったくちがうからといって美術や詩や音楽といっしょくたにすればいいってものでもない。形而上学に少しでもなじみのある人なら、形而上学的感覚が美的感覚とも理性的感覚とも異なることを知っている。形而上学は音楽に劣る芸術ではない。芸術とはまったく異質のものだ。

実証主義者が形而上学を目の敵にするのは、まず美的感覚やユーモアに欠けた人間がいるように、実証主義者は形而上学的感覚に欠けているからだろう。だから実証主義者は形而上学者に羨望と嫉妬の念をいだき、すねて「形而上学なんてナンセンスだ」という態度をとるのだ。あるいは実証主義者は形而上学に対して過敏になっていて居心地が悪いのかもしれない。形而上学的な問題がかれらのかかえている問題にあまりにも近いため、「無意味だ」と言って距離をおこうとしている。しかしこうなると心理学の分野だ。ここに心理学の専門家がいるのだからかれの意見を聞こうではないか。

心理学者——そう、これはまさに心理学の問題だ。形而上学者が「自分はどこから来たのか、自分の究極的な起源はなにか」といったことで悩むのは、満たされない近親相姦的願望と子宮に戻りたい願望のためにほかならない。「いったいぜんたいどうなっているのだ!」という最後の問いは論理的にはもっとも曖昧だが、心理学的にはもっとも意味がある。明らかにかれはエディプス的願望を満足させた場合どうなるか知りたいのだ。論理実証主義者は己れのエディプス的執着心を恐れている。だから、自分と母親の間に距離を置き、近親相姦的願望を「無意味」のひと言でかたづけることによってもみ消そうとしているのだ。形而上学者はいまだに母親に憧れている。一方、実証主義者は母親から離れようともがいているのだ。

あまのじゃく——残念ながら、ばかばかしくて聞いていられない。君のフロイト的解釈はまったく無関係ではないかもしれないが単純すぎる。

心理学者——(いらいらして)とうぜん君はそう言うだろうと思った。望まざる真実に近すぎることや自分の防禦がくずれそうになることはすべて「単純すぎる」でかたづけようとする。

あまのじゃく——そういう威圧的な議論はご自分の患者さんとやってください。わたしはそう簡単に威圧されないですよ。中断される前に言ったように、形而上学的な好奇心と性的な好奇心が関係あるかもしれないことは認める。しかし、性的好奇心が高められて形而上学的好奇心になると安易に断定するのはおかしい。（どちらかと言えばその逆だと思う。）形而上学的好奇心とは要するに死んだらどうなるか、唯物論者が言うように消えてなくなるのか、あるいはなんらかの方法で存続するのか、といった問いにほかならない。個人にとっては、種の繁栄より生命の存続のほうが重大な問題だ。ここらで神秘家の意見を聞いてみようではないか。君は形而上学者の問いについてどう思う？　なぜいままで黙っていたのか。

神秘家――なにを言えばいいのかわからない。

あまのじゃく――なんでも好きなことを言えばいい。それとも言うことがないのか。

神秘家――いやある。

あまのじゃく――ではそれを言えばいい。

神秘家――それってなに？

あまのじゃく――君が言いたいこと。

神秘家――言いたいことはなに？

あまのじゃく――わたしにきかれても困る。君こそ知ってるはずじゃないか。

神秘家――なぜ？

あまのじゃく――なぜだって？　知るもんか。なにを言いたいのか自分でもわからないのか。

神秘家——わかってる。

あまのじゃく——ならばそれを言やあいいじゃないか。

神秘家——なにを？

あまのじゃく——これじゃ堂々めぐりだ。神秘家と話しているとさっぱり埒があかない。単純な質問にも正直に答えられないのだから……。

心理学者——君のきき方がいけないのかもしれない。「なにも言うことないのか」なんて横柄にきくからいけないのだ。どれ、わたしがやってみよう。なあ神秘家さんよ、君は形而上学についてどう思うかね。

神秘家——うるさいっ！

心理学者——あまのじゃくの言うとおりだ。神秘家はどうも神経質でいけない。

形而上学者——（神秘家に向かって）君はこの人たちと同じように、わたしの質問が無意味だと思うかね？その場合の意味とは、認識論的な意味でも感情的な意味でも芸術的な意味でも象徴的な意味でも性的な意味でも精神分析的な意味でもない。ほんとうの意味だ。わたしの言っていることはおかしいだろうか。

神秘家——いや、このグループの中では君がいちばんまともなことを言っている。君の提起した問題は人類にとってひじょうに重大な問題だ。無意味だなんて言うほうがよっぽどおかしい。

実践主義者――われわれには重大だと思えない。

神秘家――君たちがなんと言おうとわたしの意見は変わらない。

心理学者――神秘家が形而上学の重要性を認めるというのは納得できない。釈迦だって形而上学的な質問は救済や悟りと無関係だと言っている。

神秘家――釈迦が形而上学を好まなかったからといって、わたしもきらいだと思うのはおかしい。わたしに「神秘家」というレッテルを勝手にはっておいて神秘家はこうこう考えるはずだと決めつけている。わたしはわたしなりの考えをもっている。

わたしにとって、悟りを開くことと形而上学的問題を解くことは同一だ。形而上学者が提起した問題が現実的で、きわめて重要であることは疑いの余地がない。たしかに実践主義者の言うように、形而上学者は同じ問題で何千年も悩んでいるにもかかわらず、みな憶測だけでなにひとつ解明できていない。しかし、だからといって答はないと断定する論理実証主義者にも賛同しかねる。じつを言うと、皮肉なことに問題はすでに解明されている。しかも形而上学者だけでなくみんな答を知っているのだ。

あまのじゃく――(きょとんとして)みんな答を知っているだって?!

神秘家――そうだ。ただし残念ながら無意識のレベルで。人類はその隠れた真実の「記憶」を意識のレベルにもってくることに力を注ぐべきなのだ。

心理学者——真実を意識のレベルにもってくるとは過去の記憶をよびさますような過程なのか。

神秘家——そう、ひじょうに似ている。だからこそ哲学的に解明しようとする努力が挫折するのだ。忘れていた過去の出来事を瞬間的に思い出すような過程でしか感じとれないものを、客観的方法で見出そうとするから壁にぶつかってしまうのだ。過去のある出来事を思い出すにはふたつの方法がある。ひとつは客観的方法で、情報を集めることによって想起しようとする方法。たとえば関係者にきいたりむかしの手紙をひっぱりだしたり、要するに外的なヒントを手がかりにするやり方だ。もうひとつは神秘的な方法で、問題の出来事が脳裡にひらめくまでただひたすらに頭の中をさぐる。形而上学的質問を解くにはこのふたつめのアプローチしかない。外的または客観的な手段で聞き出そうとしてもできなかった幼児体験が催眠術によって鮮明に思い出されるということがある。神秘家の内省的な自己分析は催眠術によく似ていて、重要な事実を明らかにするには催眠術に劣らず信頼のおけるものだ。

形而上学者が外的情報にたよる客観的な真実の探求者ならば、神秘家は同じ真実の探求者でも直観的ひらめきをたよりにする人たちだ。

形而上学者——(悲観して)では人類がいままで思い悩んできたことはすべて無駄だったとでも言うのか。

神秘家——とんでもない! 外的な情報に頼らない内省的方法の重要さを認識するには、まず客観的方法で問題解決の糸口をつかもうと必死に知恵をしぼり挫折を経験することが必要だ。形而上学はい

夭逝の数学者・ラマヌジャン

無限の天才【新装版】

ロバート・カニーゲル＊著　田中靖夫＊訳

独学で高等数学を修め、
数多くの公式を発見した
天才ラマヌジャン。
インドで薄給の事務員として
働いていた彼を認めたのが、
英国数学界の頂点に立つ
ハーディだった。

天才数学者の感動的伝記。

●本体5500円＋税
●A5判／上製　384頁　1994.9/2016.9
●ISBN978-4-87502-476-7

出版営業部より

●——1994年に邦訳した『無限の天才』が映画化され、2016年10月22日から『奇蹟がくれた数式（原題The Man Who Knew Infinity）』として全国公開されます。●——KADOKAWA配給で、Bunkamuraル・シネマをはじめ全国主要都市で上映。監督はマシュー・ブラウン、ラマヌジャン役にデヴ・パテル（『スラムドッグ$ミリオネア』）、ハーディ役にジェレミー・アイアンズなど。●——映画公開にあわせて新装版をつくりました。初版時から森 毅氏、秋山仁氏ら数学者の高い評価を得、3刷を重ねた良書です。

お問合せ ▶▶▶ 工作舎 出版営業部まで
saturn@kousakusha.co.jp／www.kousakusha.co.jp
住所 169-0072
東京都新宿区大久保2-4-12　新宿ラムダックスビル12F
TEL 03-5155-8940／FAX 03-5155-8941
twitter & facebook公開中

●今号の紙……エアリーボウル（80.0g/m²）／用紙の語源は空気のように軽く（エアリー（airy））＋様々なニーズの受け皿（ボウル（Bowl））より。退色しにくい上質ベースの嵩高微塗工紙。
●今号の色……［表］TOKA FLASH VIVA DX 400／別名「バルカンオレンジ」。蛍光発色性を最大限追求した高濃度蛍光色。［裏］ぶどう鼠／鼠がかった葡萄色で鈍い紫のこと。浮世絵の着物の地色によく見られる。

日本の音はどこへ行く
にんげんいっぱい うたいっぱい
●桃山晴衣
●杉浦康平＝造本

芸術
本体**4500**円＋税
四六判／フランス装　388頁
2016.6
ISBN978-4-87502-473-6

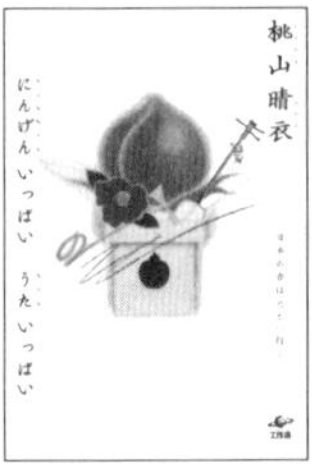

「梁塵秘抄」を現代に甦らせ、日本の音を求め創造した稀有な音楽家・桃山晴衣。永六輔、五木寛之が瞠目し、ピーター・ブルック、デレク・ベイリーらと交流を重ねた音楽遍歴の記録。

この世とあの世を結ぶもの
靈獣が運ぶ アジアの山車
●齊木崇人＝監修
●杉浦康平＝企画・構成

芸術
本体**3200**円＋税
A5判　308頁（オールカラー）
2016.7
ISBN978-4-87502-474-3

ミャンマーの黄金の靈鳥船、信濃のオフネ、バリ島の葬儀山車…。靈獣を冠するアジアの山車の多様な意匠をひも解く。神戸芸術工科大学アジアンデザイン研究所国際シンポジウムを集成。

医・食・住からベンチャーまで
となりの生物多様性
●宮下 直

科学
本体**1900**円＋税
四六判　176頁＋カラー口絵8頁
2016.8
ISBN978-4-87502-475-0

微生物の力でできた医薬品、生物の機能を学び活かすバイオミメティクスなど、くらしの中には生物多様性の恩恵がいっぱい。生物多様性の視点から生活や社会を見つめ直す科学エッセイ。

●はみだし記事……『にんげんいっぱい　うたいっぱい』は、京都・恵文社一乗寺店COTTAGEと東京・馬喰町ART＋EATでのイベント、7月23日岐阜新聞記事などが続きました。

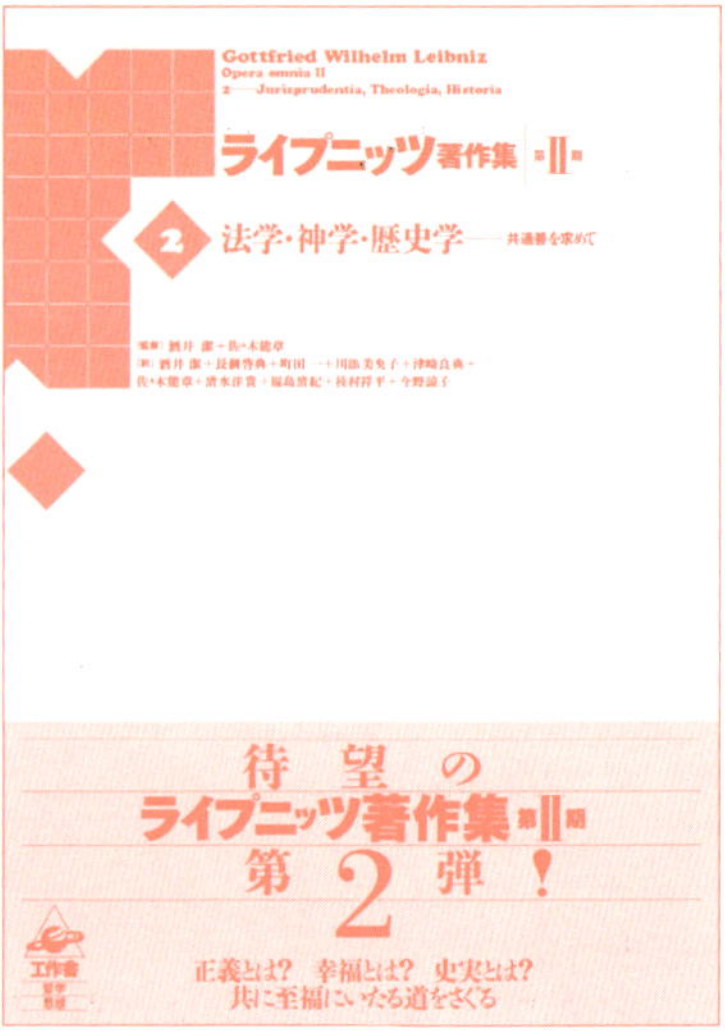

ライプニッツ著作集 第II期

2 法学・神学・歴史学――共通善を求めて

●G・W・ライプニッツ
●酒井 潔＋佐々木能章＝監修

本体8000円＋税
A5判／上製 452頁 2016.9
ISBN978-4-87502-477-4

正義とは？ 幸福とは？ 史実とは？

政治的にも宗教的にも混迷をきわめた一七・八世紀のヨーロッパにあって、世界を善き方向に変えるために宮廷顧問官として活躍した哲人ライプニッツ。数学・論理学の「理性の真理（必然的真理）」とともに、歴史などの「事実の真理（偶然的真理）」を重視した多彩な探究プロセスを本邦初公開。

▲関連図書

1 哲学書簡
スピノザ、ホッブズらの哲学者、ハノーファー選帝侯妃ゾフィーなどの貴婦人たちとの書簡を精選。◉本体 8000円＋税

わばひとりの人間にでなく、人類全体に提示された公案である。公案の目的は、形而上学をそれ以上押し進めてもしようがないと認識させることにある。言い換えれば、形而上学は人類が神秘に至るために通らなければならない、いわば円熟の過程である。したがって、形而上学的な探求はけっして無駄ではない。それどころか不可欠だ。

あまのじゃく——内省的方法も直観的記憶も催眠術も結構だが、その信憑性はどうだろう。客観的な裏づけのない記憶などあてにならぬ。催眠術にしてもまだまだ未知数の部分が多すぎる。催眠術にかけられた状態で引き出された幼児体験の記憶がどれだけ信頼のおけるものかわからないのが現状だ。

心理学者——わたしはそうは思わない。

あまのじゃく——君は心理学者だから催眠術を信じているかもしれないが、わたしはそれについてじゅうぶんな知識もない。記憶——とりわけ催眠術の影響下での記憶——は想像の産物かもしれないし、あるいは別のことの記憶かもしれない。

心理学者——催眠術で引き出された記憶の信憑性は立証されている。

あまのじゃく——では催眠術による記憶はさておき、いわゆる神秘的洞察はどうだろう。わたしは懐疑的だ。

心理学者——同感だ。

あまのじゃく——（神秘家に向かって）われわれが懐疑的になるのも無理ないでしょう。われわれが神秘を認めなければならない理由はない。

神秘家———たしかに認めなければならない理由などなにひとつない。他力に頼らず、君たち自身がものごとをあるがままに見られるようになるくらい成熟するには、懐疑心もまた必要だ。

あまのじゃく———そんなのでたらめだ。

神秘家———君たちがかんたんに同意するとは思っていない。でも真実は真実だ。真理を究極的に認識するには、激しく真実を否定する過程が不可欠だということがわかったことだけでも収穫だ。

懐疑論はわたしにとってけっして目新しいものではない。わたしもかつて君たちのように、いや君たち以上に懐疑的だった。だからいまの君たちの気持は手にとるようにわかるのだ。二〇年間、わたしは一生懸命哲学を勉強した。主観的な探求を排し純粋に客観的な探求方法を熱心に支持する論文も書いた。一時、客観性に固執したからこそ、もっと主観的なアプローチが絶対必要だということに目覚めたのだ。主観性が貴重であるという結論は客観的に到達したのではない。その自覚に至る過程は木が成長するその過程のようなもの、とでも言うほかない。それを理解してほしい。客観的方法で探求しているうちに、主観的なアプローチのほうが優れていることを客観的に自覚する人もいるかもしれない。でもわたしの場合はそうではなかった。科学者であり哲学者であったわたしは主観性をぜんぜん信用していなかった。ところがある日突然、客観的でなく主観的に主観性の価値———というより、中間になにも介在しない直の洞察の価値に気づいたのだ。

あまのじゃく———それは結構。君がそう信じているのは疑わない。でもやはりわたしがそう信じる根拠はない。

神秘家――まったく同感だと言っているではないか。最終的に問題になるのは、信じるべきか否かではなく、現に信じるか信じないかだ。

全人類が神秘に向かって旅立つ用意ができているなどと信じるほどわたしは非現実的ではない。いつかきっとそうなるだろう。でもいまはまだ時が熟していない。客観的な探求はやめて、主観的な探求にきりかえるべきだなどとぬかす自称神秘家がいたら、その人はにせの神秘家だよ。他人を説得しているというより、そう信じることができない自分を説得しようとしているにすぎない。他人に神秘の道を歩むべきだと説くのは、まだ熟さないりんごに向かってもう木から落ちるべきだと言いきかせるようなものだ。りんごは熟したら落ちるべきだなどと言われなくても自分で自然に落ちる。

注

第1部 タオってなに?

5――＊01 概念と対象は「異種同形」という意味で類似しうる――こういう考え方もあるだろうが、同形も類似の一種であることに変わりはない。

5――＊02 ところで、絶対的なものはまちがいなく美しい。

6――＊01 だいたい生き方をまったく示さない教えなど存在するとも思えない。

8――＊01 これに関して禅の公案があってもよさそうなものだ。ちなみに、公案とは禅師が求道者に提起する問題だ。公案に論理的な答はない。その目的は究極のリアリティに直面するとき論理がいかに無力であるかを悟らせることにある。

8――＊02 これは、ミクロのものはそれを計ろうとする行為によって変化してしまうという、ハイゼンベルグの不確定性原理をおもわせる。

12――＊01 Herlee G. Creel, *What is Taoism?*, Univ. of Chicago Press, Chicago, 1970, p.31

13――＊01 この言葉の衝撃的な意味を真に理解した人はある種の悟りの境地に達したと言えよう。

14――＊01 孔子が言ったとするにはタオイスティックな発言だ。「西の賢人」が誰であるかいろいろな説がある。初期のイエズス会の宣教師たちは、イエスを指していると考えた。釈迦だという説もある。釈迦と孔子がほぼ同時代人であったことを考えると、この説のほうが信憑性がありそうだ。

14――＊02 15章参照。

17――＊01 R.H. Blyth, *Zen and Zen Classics*, vol.7, Hokuseido Press, Tokyo, 1962, p.174

17――＊02 Richard Maurice Bucke, *Cosmic Consciousness*, 4th ed. rev., E.P. Dutton, New York, 1923, p.186

第2部 タオはとがめない

19——＊01 Alan Watts, *The Way of Zen*, Vintage Books, New York, 1957, p.134

21——＊01 Waldo Beach, H. Richard Niebuhr, *Christian Ethics*, Ronald Press, New York, 1955, p.41

第3部 タオは気楽

25——＊01 同義反復ではないかだって？ そうかもしれない。でも、両方の文章に矛盾がないことにご注目いただきたい！

25——＊02 R.H. Blyth, *Haiku*, vol.4, Hokuseido Press, Tokyo, 1952, p.26

25——＊02 ロマンチックすぎると批判されるかもしれないが、愛犬家のことと大目にみていただくしかない。

25——＊04 D.T.Suzuki, *Zen and Parapsychology, Philosophy and Culture, East and West,* Charles A. Moore ed., Univ. of Hawaii Press, Honolulu, 1962, p.740

28——＊01 Welsh Holmes, *The Creed of Buddha*, John Lane Co., London, 1908, pp.211-12

29——＊01 Fung Yu-lan, *A History of Chinese Philosophy*, vol.1, tr. Derk Bodde, Princeton Univ. Press, Princeton, 1952, pp.173-74

30——＊01 Richard Maurice Bucke, *Cosmic Consciousness*, 4th ed. rev., E.P. Dutton, New York, 1923, pp.174-75

31——＊01 William Lyon Phelp, *Robert Browning*, Bobbs-Merrill Co., Indianapolis, 1915, p.28

34——＊01 なんたる誤解！

34——＊02 「意味を探すな、用法を探せ」とヴィトゲンシュタインも言っている。

第4部 タオは愉快な公案

38――*01 将来、わたしが誤っていることが立証されれば喜んで訂正しよう。

38――*02 ところでわたしは人の考えていることを当てるのが得意だ。じつはその前の言動にそれを暗示するものがあるのだが、当人たちはつねに当てられたことに驚く。

38――*03 占星術をただ信じる人とはちがう。

40――*01 もし読者が実行すればわたしに服従したことになる。

45――*01 悟りの専門家というのも変だが。

46――*01 R.H. Blyth, *Haiku*, vol.3, Hokuseido Press, Tokyo, 1950, pp.124-25

著訳者紹介

レイモンド・M・スマリヤン Raymond M. Smullyan

一九一九年、アメリカ、ニューヨーク市の生まれ。シカゴ大学で修士号、プリンストン大学で博士号を取得。数学（数理論理学）と哲学をダートマス大学、プリンストン大学、ニューヨーク市立大学等で教えたことがある。インディアナ大学哲学科名誉教授。専門の著作のほか『サイエンティフィック・アメリカン』誌のマーティン・ガードナーが「もっとも深淵でユーモラスな数学・論理学ゲーム集」と絶賛した『この本の名は？』（日本評論社）や『パズルランドのアリス』（早川書房）などを著している。『スマリヤンのゲーデル・パズル』（日本評論社）、『スマリヤン記号論理学　一般化と記号化』、『スマリヤン数理論理学　述語論理と完全性定理』（以上丸善出版）も刊行された。

専門分野に加え、ピアニスト、プロフェッショナルなマジシャンでもあるといった多彩な才能の持ち主である。

桜内篤子（さくらうち・あつこ）

一九四七年、東京生まれ。カナダ、ブリティッシュ・コロンビア州立大学卒業。編集者を経て現在はフリーの翻訳家。訳書に『子どもの神秘生活』ロバート・コールズ（工作舎）、『ダブリンに、たったひとり』ヌーラ・オフェイロン（WAVE出版）、『地図で読むケルト世界の歴史』イアン・バーンズ（創元社）などがある。

タオは笑っている

発行日――一九八一年四月一日初版
二〇一六年一二月二〇日改訂版第一刷
著者――レイモンド・M・スマリヤン
翻訳――桜内篤子
編集――内田美恵＋森下 知
アート・ディレクター――宮城安総
エディトリアル・デザイン――佐藤ちひろ
イラストレーション――本田年一
印刷・製本――シナノ印刷株式会社
発行者――十川治江
発行――工作舎　editorial corporation for human becoming
〒169-0072　東京都新宿区大久保2-4-12 新宿ラムダックスビル12階
phone : 03-5155-8940　fax : 03-5155-8941
URL : http://www.kousakusha.co.jp　E-mail : saturn@kousakusha.co.jp
ISBN978-4-87502-479-8

にほんとニッポン

◆松岡正剛

むすぶ縄文からうつろう平成へ、漢字伝来から日中・日韓問題まで、列島誕生から東日本大震災まで、松岡日本学20余冊をリミックス。忘れてはいけない日本を濃縮した全日本史！

●四六判●416頁●定価　本体1800円＋税

にほんのかたちをよむ事典

◆形の文化会＝編

天狗、数珠、刺青、身振り…日本文化のさまざまな「かたち」を読んで見て楽しむ事典。金子務、小町谷朝生、水木しげる等総勢66名が、項目200余を読み解く。図版満載！

●A5判上製●532頁●定価　本体3800円＋税

童の心で

◆小泉英明＋市川團十郎

歌舞伎役者・市川團十郎と脳科学者・小泉英明。半世紀ぶりに再会した幼稚園の同期生が語り合う、修行と教育、脳と身体、信仰と芸能、知性と感性、呼吸と音楽、そして日本の明日。

●A5判上製●288頁●定価　本体2400円＋税

にんげんいっぱい　うたいっぱい

◆桃山晴衣　杉浦康平＝造本

「梁塵秘抄」を現代に甦らせ、日本の音を求め創造した音楽家・桃山晴衣。永六輔、五木寛之が瞠目し、ピーター・ブルック、デレク・ベイリー、ピナ・バウシュと交流を重ねた音楽遍歴の記録。

●四六判フランス装●388頁●定価　本体4500円＋税

文字の靈力

◆杉浦康平

日本語タイポグラフィに大きな影響を与え続けた杉浦康平。「文字」をテーマにエッセイ・論考を収録。松岡正剛との対話では、白川静の漢字学から文字のクレオール化まで、縦横無尽に語られる。

●A5判変型●300頁●定価　本体2800円＋税

靈獣が運ぶ　アジアの山車

◆齊木崇人＝監修　杉浦康平＝企画・構成

ミャンマーの黄金の靈鳥船、バリ島の葬儀山車…。アジアの人びとが山車に托す想い、華麗な意匠にこめた祈りの心をひも解く。神戸芸術工科大学アジアンデザイン研究所国際シンポジウムを集成。

●A5判●308頁（オールカラー）●定価　本体3200円＋税